译文坐标

夏娃
关于生育自由的未来
Eve: The Disobedient Future of Birth

〔加〕
克莱尔·霍恩
|
著

周悟拿
|
译

上海译文出版社

目 录

第一章　论婴儿保育箱、兰花和人造子宫 1

第二章　人造养母 23

第三章　美丽新世界中的体外人工培育 71

第四章　扮演母亲角色的机器 121

第五章　堕胎问题的解决之道 143

第六章　生物学的暴政 189

结语　当你怀有身孕 220

致谢 232

原注／234

关于书中用词的说明

我在某些章节谈到怀孕和生殖相关的护理时,一直尽量使用能包容各种性别的词汇。我之所以使用"孕育者"和"分娩者"这样的词,是为了表示这样一个事实:并不是只有顺性别女性才能怀孕或是需要产前护理。

当我提到种族问题的相关内容时,我希望尽可能地具体指代。然而,本书所涉及的相关医学和法律数据中并未给出太多具体信息,我对此深表遗憾。比如,美国疾病控制和预防中心在跟踪新生儿和孕育者的后续情况时,把"美国印第安人"和"阿拉斯加原住民"作为身份的分类。但其实美国一共有 500 多个部落都得到了联邦政府的认可,我们并不能从中获得精准又不受外界影响的用语,也无法分辨出具体是哪些特定群体受到的影响最大。

最后,相信读者很快就会清楚地看到,我毕竟不是科学家,虽然我使用了"人造子宫"和"体外人工培育"这两个术语,但其实研究体外孕育的科学家在形容自己的工作时并不经常用到这两个词。

第一章　论婴儿保育箱、兰花和人造子宫

对于正在阅读这些文字的你,我可以十分确切地说出一件和你有关的事实,那就是在你降生成人之前,不论你在哪里,你一定都是在某个人的体内被孕育着;然后,这个人把你生了下来。

我在写下这些时,也能感觉到自己的孩子正在子宫里动来动去。无论孕育你的那个人后来是否成为你的母亲,我都相信这样一个事实:这个孕育者一定曾经感受到婴儿的四肢在自己的肌肤下游动,一定在那时体验过这种无以言喻的情感。我还清楚知道,哪怕是在你真正长成人形之前,哪怕当时这个孕育者还不能真正感知到你的存在,这个人的身体都是你最初的家园。

我还知道,每个怀孕的人都会在某个时刻开始好奇,婴儿究竟会在何时出生。有时候,我会感觉自己已经怀孕很久,漫长得仿若一年有余,但同时我又觉得孕期时光过得飞快,仿佛转瞬即逝。曾有一位朋友这样告诉我,预产期之类的说法都是不准确的。我们对于分娩日期往往只能作出推测;而绝大多数情况下,我们根本无法知道孩子会

选择在哪个时间点降生。他们也许可以等到怀胎近十月时才出生，但也可能提前好几个月就发动，充满惊险地来到世上。

现在你只需要闭上眼睛，就能在脑海中描绘出婴儿保育箱的画面。但若是回到19世纪的伦敦，情况则大不一样。虽然19世纪距离我们身处的社会并不遥远，但当时人工培育技术才诞生没几年。如果让那时的人们看见小婴儿被放在一个封闭又狭小的透明箱子里，他们的确会感觉不可思议。更让他们难以置信的是，把那些原本在死亡线上挣扎的婴儿用这个方式保温几周后，他们居然真的能存活下来，顺利和父母团聚。

在19世纪80年代末的欧洲，现代保育箱技术刚刚投入使用。在此之前，产妇和助产士往往只能依据常识中的原则给生病体弱的婴儿裹上襁褓保暖。但在即将进入20世纪之时，婴儿保育箱问世了。这项技术震撼了大众的视野，因为这个空间介于子宫和世界之间，完全由空气、金属和玻璃构成。婴儿在这个空间里又如何能够存活下来？人们实在难以想象。

坊间曾经流传着这么一个不知真假的故事。巴黎妇产医院的新生婴儿死亡率极高，法国妇产科医生斯蒂芬·塔尼（Stéphane Tarnier）在巴黎动物园游玩时，依然为此事挂心不已。后来，塔尼看到小鸡在保温箱里活蹦乱跳，便询问制作保温箱的动物管理员奥迪尔·马丁（Odile Martin），是否有可能为人类婴儿也制作一个构造类似的装备。马丁只得答应了这个请求，于是就有了孵化器的问世，这个装置又名"育雏母鸡保育箱"。最初，塔尼的保育箱计划仅限医院内部使用，后来却在一个让人意想不到的地方成了固定装置——露天游乐场。在1896年的柏林大型工业博览会上，儿科医生亚历山大·利昂（Alexandre Lion）和自称内科医生的马丁·库尼（Martin Couney）展示了婴儿保育中心（Kinderbrutenstalt），吸引了大批兴致勃勃的观众。但是，库尼最后还是得回到美国。1903年，他又在纽约市康尼岛的月神公园发起了一个长期的"婴儿保育箱展览"。他最早在1897年举办过这个展览，那是在英国伯爵宫[1]的维多利亚时代展览会上。当时的公众反响极为热烈，那个夏天甚至还有一首歌曲在四处传唱，要"通过保育技术"来发展整个国家。

当时的评论家分为两派，有人心怀恐惧，有人满心欣喜；他们的回应也让这种狂热的情绪愈演愈烈。当时人们耳畔还萦绕着这样一条传闻：现在已经可以像培育温室里的兰花一样培育新生儿，只要给予阳光和热量，架起保证安全的围栏，这些小生命就能发芽长大。《图像》（*The Graphic*）[2]还曾刊登这样一幅图片：一群富人聚在天鹅绒做成的绳索后面，一个个都急切地向前探着身子，想把眼前那些非同寻常的玻璃箱看个明白。这个画面本来充满了机械元素，棕榈树则又添了一抹绿意。一排排护士站得整整齐齐，仿佛随时都准备采取什么行动似的。护士的白

---

[1] 伯爵宫（Earls Court）是伦敦的一个地区，位于大伦敦地区伦敦市中心的肯辛顿-切尔西区，东侧是南肯辛顿，西侧是西肯辛顿，南侧是切尔西，北侧是肯辛顿。伯爵宫展览中心位于这里。地名由来于这里曾有伯爵的庄园。——译注（本书注释如无特殊标识均为译注）
[2] 《图像》是一份英国插图周报，于1869年首次出版。这份周报在出版时的定位是想要打造成当时流行的《伦敦新闻画报》的竞争对手。

色制服上别着小小的时钟,仿佛是在提醒这些看客——护士可是正在工作的专业人士,绝非什么闲散人员。在图片下方,还有"人造养母"四个字作为说明。这项科技之所以如此具有吸引力,这四个字恰恰指明了深层原因。无论是那些对保育箱中的婴儿啧啧称奇的游客,还是那些照料婴儿的医护人员,他们都怀有同样的信念,那就是在不远的未来,婴儿不必在人体内孕育,也能慢慢长大。

足月妊娠需要达到 40 周时间,而塔尼的保育箱可能已经为 38 周以上的婴儿提供过照顾。但这位医生却吹嘘说,他的技术已经几乎足以让保育箱实现整个妊娠后半程的功能。尽管许多崭露头角的专家已经警告大家,谨慎使用保育箱,但在《柳叶刀》(*The Lancet*)[1]和《英国医学杂志》(*British Medical Journal*)[2]等医学出版物上都已经有评论家认为,人造子宫已经问世。有人投稿说,只有一项举措能让保育箱的环境和子宫内部更加接近,那就是将婴儿浸泡在人造羊水中。但另一位作者又退一步说,这会导致婴儿溺水,因而只能创新性地在玻璃箱内注入温暖的空气,这已经是最能模拟子宫环境的措施。既然人们已经完成这一壮举,那么之后借助这些手段来实现整个妊娠过程也只不过是时间问题。维多利亚时代的人们曾经坚信,人造子宫已是触手可及的发明。现在回想起来,这其实是一种可笑的乐观,因为这个非同凡响的梦想其实到了 21 世纪才逐渐显出了几分真实感。

---

[1] 《柳叶刀》是一份独立的综合医学期刊,由托马斯·威克利(Thomas Wakley)创办于 1823 年。
[2] 《英国医学杂志》(*BMJ*)是世界著名的四大综合性医学期刊之一。

2017年，费城儿童医院（CHOP）的研究人员宣布，第一个局部人造子宫已经在动物实验中获得成功，并为之取名为"生物口袋"（the bio-bag）。他们重现了子宫的液体环境，而这在19世纪90年代是连最自信的医生都视为不可能的任务。一般情况下，如果婴儿在37周前出生，即被视为早产儿；若婴儿未满32周便出生，就被视为极早产儿。一般来说，如果婴儿已被孕育了28周，之后若能出生在设施完备的医院里，便已有较高的存活几率。在22周以前出生的婴儿则被称为极早早产儿，尽管当代技术已经能够帮助这些孩子来到世界，但依然无法改变很高的死亡率。如果婴儿的器官尚未发育到足以应对子宫外部环境，往往会出现许多并发症。目前能采取的最佳保护措施便是提供紧急护理，来治疗这些并发症。据估计，极早早产儿的存活率低至10%，而在存活下来的孩子中，约有三分之一还会出现严重的健康问题。

生物口袋的动物实验获得了成功，这说明我们也许能够避免这些健康方面的并发症，也有可能让那些早于预产期4个月出生的新生儿恢复到健康状态。在实验中，一只严重早产的新生小羊羔被放置在半透明的聚氨酯袋中，然后注入人造羊水使其浮起。这种合成的液体能为新生的哺乳动物输送营养，胎儿在孕育者体内时也有这样的液体环绕周围。研究人员经过多次实验和试错，终于成功使用外部泵将氧气输入了生物口袋，同时还能排出毒素，来为胎盘模拟出一个能够运转的相似环境。胎盘指的是在妊娠期间生长的特殊器官，能把胎儿和子宫连接起来。在这项技术的帮助之下，科学家最后终于能成功将羊胎培育到完全成熟的程度，大约相当于把人类胎儿从22周至24周的状态一直培育到28周的成熟度，而且能在保证健康状况良好的前提之下把此时的羊胎取出。这个团队在2019年宣布将会开展第二轮动物实验，并认为实验前景非常可观。目前该团队正在向美国食品药品监督管理局（FDA）申请，希望能获得许可来进行人类胎儿的实验，期待着在未来几年内就着手开展工作。

与此同时，截至2022年，还有一个日本和澳大利亚合作的团队完成了两项动物实验，都在类似平台展开，他们将其称为"离体子宫环境疗法"或"体外子宫环境"（EVE）。不过，和斯蒂芬·塔尼夸大其词的宣言不同的是，这个团队一直谨慎地加以解释：他们无意用自己的工作来"取代"人类的自然妊娠过程。而令人费解的是，他们却又选择以《圣经》中首位女性的名字来为该项目命名。虽然他们慎重强调这个项目绝不是为了推进"体外妊娠"，但这个名称还是削弱了这项声明的可信度，这是无可避免的。

该团队展开研究主要是为了治疗21周（即那些尚未到足月怀孕周数半程）的人类早产婴儿。而他们的研究表明，动物胎儿的妊娠期临界值和出生体重都比生物口袋实验中的人类胎儿更低。2019年的秋天，荷兰的一个研究小组宣布，他们计划在5年内自行创造出"局部人造子宫"。这个团队的成员具备不同学科的教育背景，他们运用3D打印技术制造出配有传感器的新生儿模型，还能复现多项特征，比如母亲的心跳等。这个团队计划打造出这样一项技术：不仅能够尽可能地对那些严重早产儿进行培育，还能追踪特定某个婴儿的具体需求，对各项条件作出相应调整。

这些项目在实验设计上各有不同，但又都有一个共同点，即都拥有巨大的潜力，可能会给极早产儿的护理工作带来变革。现在，人们在护理新生儿时采用的是应急干预模式。新生儿接受一些治疗和护理，以防出生时器官出现明显的发育不良。相比之下，人造子宫可以延长妊娠期，从而避免这些并发症的出现。如果这个方法真的行之有效，该技术就能让婴儿继续成长，仿佛仍在母体之中一样。科学家们纷纷预测，人造子宫技术会在未来几年内进行人体实验，这项技术将不再只是停留在推测层面。现在的研究人员终于站在了这个转折点——斯蒂芬·塔尼在140年前只能想象的事情终于有可能成真了。

在过去，维多利亚时代的人们看到玻璃箱中那些几近足月的婴儿时，他们对此大感惊奇——试想一下，如果他们有机会看到现在的这些研究，又会是多么目瞪口呆！生物口袋的研究团队曾经发布"之前"和"之后"的对照图，画面怪诞可怕，却又曾经一度占据人们的视野。在第一张图中，一个皱巴巴的粉色羔羊胎儿在一个透明的袋子里漂浮着。第二张图中，这个羔羊胎儿已经长出了柔软的白色羊毛，沉在塑料袋的底部，等待着出生。人们对这些照片的反应和第一次看到孵化器时很类似，这是一种凝视未来的巨大好奇感。我们比历史上任何一个时期都要更接近人工妊娠，这背后的推动力不只是新生儿学的研究而已。在20世纪70年代，体外受精技术的发展也曾在伦理界引发长达数年的争论。最终的结果是，共有 12 个国家决定推行关于胚胎研究的 "14 日准则"，英国也在其列；另有至少 5 个国家将其视为严格的科学指南，美国就是其中之一。

这条规定意味着，如果科学家在实验室环境中培育人类胚胎超过 2 周，他们就会面临制裁。在之前大约 40 年的时间里，都不曾有人质疑过这条规定所划出的时间限制。虽然科学家们已经作出了最大努力，也依然无法将胚胎培养到 9 天以上。但是，来自剑桥大学和洛克菲勒大学的胚胎学家都在 2016 年取得了突破，成功培养胚胎长达 13 天之久。他们之所以在那个时间点把实验叫停，纯粹只是因为不想违反 "14 日准则" 而已。这项实验是引人注目的壮举。在科学家们取得这项突破之前，他们曾认为，大约从第 7 天开始（胚胎通常会在这个时间点在子宫着床），胚胎只有得到来自子宫生物组织的反应才能继续生长。然而，在实验室创造的营养培育物中，细胞也能在植入培养皿后继续自我生长。这也表明，胚胎能够在体外生长时间比我们之前想象的要长得多。

2021 年 5 月，一位来自以色列魏茨曼科学研究学院的研究员宣布了一则更令人震惊的消息。他和其他团队成员经过 7 年研究，已经创造出了一个人造子宫，能将小鼠胚胎成功培育成完全成形的鼠胎。研究员把每个小鼠胚胎都置入装满了液体的旋转瓶中，然后作出细致入微的调整，以确保培养物质和温度等因素都能达到最佳状态。小鼠的妊娠期比人类要短得多：人类胚胎大约需要长达 273 天才完全成形，而它们仅需 19 天。正是因为小鼠的妊娠期很短，这个项目的结果更显不同寻常。科学家将动物在实验室环境中从胚胎培育为胎儿,这样的成功案例在历史上是首次。小鼠胚胎从第 5 天一直被培育到了第 13 天。科学家们的下一步计划就是向着为期 19 天的完整妊娠过程迈进。在那之后又该做什么呢?该团队的最终目标是,能有朝一日在人类胚胎上开展试验。

当剑桥大学和洛克菲勒大学的研究人员在实验中首次逼近"14 日准则"的大限,这在科学界和生物伦理界都引发了激烈的争辩。是否应该重新审视这个期限?人们对此众说纷纭。有些科学家认为,既然我们已经有能力在培养物质中孕育人类胚胎长达 14 天之久,那就应该更进一步。毕竟,我们对胚胎发展最初阶段的了解还比不上我们对海底世界和宇宙空间的熟悉程度。其他科学家则坚持认为,对于胚胎发育的最初 2 周,我们还有太多需要研究,而在这个时间节点之后则没有那么多有待探寻的东西了。也有很多人持有务实的看法,认为还有介于二者之间的第三条路:我们也许能在不触碰伦理道德红线的前提下继续展开研究,但公众的观点也需要纳入考虑。

2021 年 5 月,经过多年的商讨和审议,国际干细胞研究学会(ISSCR)终于发布了最新版本的指南,建议取消"14 日准则"。实际上,此次建议也预告着一场巨变。ISSCR 是干细胞研究领域内规模最大的组织,聚集着全球各地的研究人员。以美国为例,有些国家把"14 日准则"视作科学研究中严格执行的框架,却不会通过法律来强制执行,但 ISSCR 的指导方针还是会对科学研究带来影响。这项建议并不意味着科学家们突然之间就能毫无顾虑地培养胚胎,也不意味着他们可以随心所欲地终止胚胎实验。但是,这的确意味着,我们仍然不知道体外胚胎发育的研究能深入到何种地步,谁都无法对这个问题给出答案。

新生儿学与胚胎学持续发展,我们也被带入了一个前所未有的时代。如果根据目前状况来估算,我们可能会在未来的 5 至 10 年内就实现局部人造子宫的培育。这意味着,我们在不远的将来也许就能让胎儿在体外发育的状态下走过半程的孕育期。如果有一天,实验室中的胚胎培育技术和病房中新生儿的护理技术都能发展到某个节点,在中途相遇,那我们就能实现完全的体外人工培育,也就是体外孕育。婴儿从精卵结合到出生期间的生长发育都可以不在人类子宫内进行。虽然将人类胚胎全程培育到足月的想法听起来还是很未来主义,甚至听起来还是可望不可即,但相较于历史上的任何时期,我们距离这项技术已是前所未有的近。

2017 年,生物口袋的研究团队宣布开展动物实验。他们在那之后便发现,媒体的争相报道让他们陷入了巨大的舆论旋涡。在几次早期采访中,埃米莉·帕特里奇(Emily Partridge)和爱伦·弗莱克(Alan Flake)都难掩脸上的沮丧之情。然而,谁又能指责他们呢?他们想要这样解释:如果生物口袋的技术能够获得成功,就能大大改善那些严重早产儿及其父母面临的困境。可是,媒体好奇的并不是他们创造的人造羊水中包含何种物质,而是他们是否有意向要从精卵结合阶段就开始培育婴儿。记者群体急切想要知道的是,这项技术究竟是否会开启《美丽新世界》(Brave

New World）[1]的大门？

《美丽新世界》简单明了地展示了人类阴冷暗淡的未来，那是我们都绝对不想陷入的图景：婴儿在瓶子里出生，对任何充满爱的关系都心存戒备，成年之后又注定无法逃脱被那个国家彻底洗脑的命运。在赫胥黎笔下的"新世界"中，人造子宫象征着人性中最阴暗的一面。CHOP研究团队一开始就明确表示，他们无意推进"体外人工培育"。2017年，帕特里奇就曾经作出这样的评论："没有人打算这么做。"她把人工妊娠描述成"科幻小说里才有的事情"，而且很快质疑：这样的大飞跃真的可能吗？这个团队从发布最早的研究成果时起，已经将自己的项目重新命名为"适合新生儿发育的子宫外环境"（EXTEND）。这个名字是在强调，现有技术手段已经可以帮助那些在母体内长大的极早早产儿发育得更好，而他们开发这项新技术的预期目标则是以此为基础，然后搭建桥梁或是进一步拓展。

科学家马格达莱纳·泽尼卡-戈茨（Magdalena Zernicka-Goetz）任教于剑桥大学，她曾经带领团队抵达培育胚胎达13天大关，完成全球的首次突破。她也评论说，她的实验室绝对不是试图追求"体外人工培育"，即便真想要这么做，在科学操作上也非常复杂。毫无疑问，她的说法是正确的。从发育角度来说，13天的胎儿和23周的胎儿之间存在实质性的差异。我们不过是在整个妊娠过程

---

[1] 《美丽新世界》是英国作家奥尔德斯·伦纳德·赫胥黎的反乌托邦作品。故事设定在公元2540年的伦敦，描述了与当今社会迥异的"文明社会"的一系列科技，如人类试管培植、睡眠学习、心理操控、建立婴儿条件反射等。

的开头和结尾两端取得了进展，但这并不意味着我们必然向着"完全的体外人工培育"的方向迈进。科学家们感到惊讶的是，他们在培养物质中培育的胚胎能够继续自我发育，发育时间比他们所预期的还要长一周。但这并不一定意味着，如果我们不在某个时刻将胚胎植入母体，胚胎的生存就无以为继。事实就是，我们无法给出确切的答案。虽然，现在我们拥有让早产新生儿在宫外发育的技术，似乎婴儿们能在越来越早的妊娠阶段出生并存活下来，但这个阈值降低的程度很可能仍是有其限度的。

目前人们仍然普遍认为，妊娠期不满 21 周的胎儿将会无法存活，而胎儿在子宫内的发育程度在每周都会取得标志性的进步。人造子宫领域的研究人员一早就曾指出，发育不足 21 周的胎儿可能无法连接到救生设备，因为他们的静脉实在太过细小。但即使这些科学家并没有意向去实现体外培育技术，依然会有其他科学家对此展开研究。以那个宣称已经成功利用人造子宫培育小鼠胚胎的团队为例，他们虽然一直对手头研究工作带来的伦理问题保持审慎态度，但还是明确表示过，他们希望以后能把人类胚胎孕育成胎儿。

让我们暂且不谈是否会有个别研究人员想要实现"体外人工培育"，过去 30 来年的经验已经告诉我们，科学上的创新能让那些原本只存在于未来世界的事物成为普通日常的一部分，而且这些变化往往发生得非常迅疾。我们这一辈人在 20 世纪 90 年代时还只是孩童，以前还只有少数几个同学能拥有那种嘀嘀尖叫的拨号上网设备，后来则是每个人都能手持一台智能手机。对我们来说，这个迅猛的转变过程可谓记忆犹新。技术上的突破往往会导向和预期截然不同的结果，研究人员对此心知肚明。科学上的进步通常超越了我们现有的监管体系，甚至可能超乎我们的想象。而事实是，在人们看到了一排排保温箱后，坊间便开始流传这样的说法：我们可以像栽培温室里的花朵一样去培育婴儿。我们也从那时开始就一直梦想着实现人造子宫技术。现在，我们终于即将拥有创造人造子宫的技术。过去的问题是：*这项技术是否可能？* 而现在这个需要面对的问题已经变成了：*我们是否已经准备好了？*

舒拉米斯·费尔斯通（Shulamith Firestone）[1]是一位社会主义者，也坚持女性主义。20世纪70年代，25岁的她发表了自己的宣言。她写道："怀孕是一种野蛮行为。"[1]她认为，男性在科学研究领域中占据了主导地位，而这导致的直接结果就是：我们已经具备登上月球的技术，却未能找到更好的方法来孕育人类。时间来到2018年，距离舒拉米斯·费尔斯通发表宣言已经过去了近50年，我坐在一群遗传学家、胚胎学家和人文学者之间，我们讨论着和繁衍后代这个大主题相关的种种话题。生物伦理学家安娜·斯玛多（Anna Smajdor）对费尔斯通40年前的观点作出了新的解释。怀孕和分娩会对母亲身体造成许多影响，包括持续恶心、头晕和疲惫，可能造成创伤、永久性的伤害，甚至还可能导致死亡。我们怎么还没有"解决"

---

[1] 舒拉米斯·费尔斯通（1945—2012），加拿大裔美国激进女性主义者。作为早期激进女性主义和第二波女性主义运动的中心人物，费尔斯通是三个激进女性主义团体的创始成员之一：纽约激进女性、红丝袜和纽约激进女性主义者。

这个问题呢？各位参会科学家的研究成果让斯玛多频频点头，她充满信心地宣布，有性生殖将会逐渐在人类社会退场，依靠机器自动化来孕育后代的新时代即将揭开序幕。

在听众们排队等待咖啡时，她的提议引发了激烈的讨论。小组中有一部分女性觉得自己以前很享受怀孕的过程，在体内孕育一个孩子虽然极具挑战性，但也是一件富有成就感的事。其他人则提到了怀孕时孕吐以及生痔疮的经历，感觉"自己变成了一头大象"，还会感觉自己被当成公有财产来对待，因为忽然每个路人都能对自己的身体和行为发表意见。如果我们去仔细思量她们怀孕和分娩的经历，会发现这些女性提到的方方面面都传递出这样一种感觉：她们只能这样，没有其他选择。人们之所以觉得费尔斯通和斯玛多的观点极具挑衅性，正是因为她们邀请人们跨越这个假设去展开思考。她们想要人们面对的问题是：如果真的存在另一种怀孕方式，我们对怀孕这件事的态度会发生怎样的改变？斯玛多所给出的预测是有性生殖将会终结，若站在近几年科学研究的语境之中来看，其实这并非什么难以想象的事情。

如果可能的话，我们是否真的会让人类妊娠成为历史？是否可能让任何性别的人都怀上一个胎儿，走过从受孕到足月的历程？在斯玛多 2018 年的那场演讲之后，这些争论便出现了。这让我们看到，正是因为人造子宫的这个想法出现，我们便不得不质疑人类生存的最基本假设。这不只是说我们可能出现集体性的生存危机。局部人造子宫和体外人工培育引发了许多社会伦理问题，这都会给现实世界带来影响。若想要研发这些项目，那就必须在极早产儿身上进行实验。若想要让孩子的父母同意使用局部人造子宫来治疗，又应该参考哪条伦理呢？婴儿早产率、孕产妇发病率和死亡率分布极为失衡，在那些可预防的婴儿以及产妇死亡的案例中，90%以上都发生在第三世界国家。在新生儿护理领域，目前仍在研发中的局部人造子宫技术才是真正的决定因素——无数早产儿可能因此而获救，若没有这项技术，他们也许原本难逃死神的魔爪。但这项技术可能耗资巨大，并且需要辅以大量基础设施才能安全地投入使用。

那么，谁家的宝宝可以享受到这项技术呢？是否还存在这样的风险——这项技术只改善了某些婴儿的护理条件，而其他婴儿无缘使用，然后加剧健康方面的不平等？比如说，在英格兰这样的富裕国家，婴儿早产率和孕产妇死亡率整体来说要低得多，而这样的国民健康状况就显示出了并不人道的种族差异。截至2022年，英国的黑人女性及其婴儿死亡或是出现严重医疗并发症的可能性要超过白人女性4倍之多。如果人们在英国这样的高收入国家已经可以用上人造子宫技术，那又是否能让所有孕育者都获得同等机会呢？

聚焦于妊娠期另一端的研究则引发了另一系列紧迫问题。既然 ISSCR 建议把胚胎实验的14天限制延长一些，那么人类胚胎究竟能在实验室中培育多长时间？人们又是否能就这个问题达成全球范围内的新共识？如果科学家们将人从胚胎阶段开始培育，直到成为具备完全器官的"胎儿"，就像他们曾用老鼠做过的实验那样，这在道德上是否能得到允许呢？那么，这个经过体外人工培育而长大的孩子又应该称谁为父母？如果这个孩子在成长过程中出现任何问题，又该由谁来负责？人们是否能选择通过这项技术来怀上孩子？如果可以的话，又是在什么情况下可以呢？这项技术是应该只限于让无法自然怀孕的人来使用，还是把选择权交到人们自己手中？如果孕育者被认为有过可能伤害胎儿的行为，这在一些国家会被依法认定为犯罪，到现在 2022 年依然如此。如果人造子宫得到广泛应用，那些被视为"不适合做母亲"的女性是否会被强迫使用这项技术？如果胎儿不依赖孕育者的身体状况也能自己生存，这又会对人们的生殖权利产生怎样的影响呢？

综合以上种种，人造子宫会引发各种社会问题，不论是在法律、医学还是伦理方面。这些都可能带来深远的影响，让我们思考生而为人的意义。在当今时代，你是由人类孕育出来的——这是一条无可争议的基本事实。因为怀孕，母亲在身体、情感以及社会生活等方面都经历了起起伏伏，而她必须应对这一切。不论她是在吃喝还是走动，你也都在她体内一起做着这些事情。母亲的心跳是你听到的第一声响动，而你的第一次打嗝、第一次伸懒腰、第一次旋转也都发生在母亲的子宫内。这是你第一次和人类建立连接，而她是第一个在你和这个世界之间斡旋调解的人。试想一下，撇开你身上那些我原本就无从得知的信息不谈，如果我甚至无法确定你究竟是由人类还是科技孕育出来的，那又会怎样？

在不久的将来，局部人造子宫的技术就会面世，完全的体外人工培育技术的研发也正在顺利进行。我们需要开始思考的是，这些技术会对社会带来怎样的影响。现在已经是时候去面对这些充满争议又难以开启的话题了。究竟该如何使用人造子宫？其中又蕴含怎样的危险性？人们已经开始在学术期刊上和演讲厅中展开争论。但是，若想要真的着手处理体外人工培育带来的所有复杂问题，我们都需要在公共空间内展开讨论。我们也许会希望这项技术能被大众接受，这很合理，毕竟这对于新生儿和孕育者的健康有益。然而，关于人造子宫这个话题的讨论已是众声喧哗，而其中声音最为响亮的就是那些保守派的生物伦理学家和媒体评论员。他们指出的是这项技术的负面作用：人造子宫不仅对孕育者的健康无益，反而可能带来损害。

比如，一些律师和法律学者几十年来一直主张，如果让这项技术发展下去，势必导致生殖权利的发展出现倒退。20世纪70年代后期，一位美国律师煞有介事地提出，在人造子宫出现之后，在相关法律的压力之下，那些想要堕胎的妇女可能会选择将胎儿从体内取出，让胎儿通过体外人工培育的方式继续生长。如果说，那些想要堕胎的妇女被迫接受这项取出胎儿的手术，然后还要接受胎儿经过机器孕育再降临世界的事实，而人造子宫技术就是这一切背后的原因——这套想法不仅过时又惨无人道，而且还会损害女性权利。我们或许会觉得这种想法不过是来自遥远过去的历史遗物，但其实不然：2017年有研究团队宣布第一个局部人造子宫已在动物实验中获得成功，然后又有一些法律学者老调重弹，提出极为类似的看法。在2018年的一次会议上，我在一个密不透风的房间里坐着，听到一位生物伦理学家解释说，这些创新性的发明都有着良好的前景，而且意味着我们也许能在不远的将来禁止堕胎。这个观点让人尤其感觉不安，因为这世上许多国家的人们仍在艰难奋斗，想要获得堕胎这项基本权利。这本书的终稿完成于 2022 年 4 月，就在数月后，美国最高法院推翻了"罗诉韦德案"（Roe v. Wade）[1]。自1973年以来，这项裁定一直维护着个体的堕胎权。这次的判决意味着，如果孕育者生活在反堕胎州，则可能会被迫继续孕育孩子直到分娩，如果孕育者执意违背这项不公正的法规，坚持堕胎，那她就会被认定为犯罪。决定继续或是终止妊娠原本应是人们最低限度的权利，而这项权利在当今世界正在慢慢被剥夺。而人们正是在这样的一个世界里研发着人造子宫。"罗诉韦德案"的判决被推翻后，那些并未关注美国生殖权现状的人对此感到震惊。其实在之前数十年里，人们选择堕胎的机会和权益一直在被侵蚀，法院的裁决并非心血来潮，而是在此基础之上作出决定。最近这次最高法院的裁决对我们犹如当头一棒，警告我们，如果我们掉以轻心又未加关注，如果我们假定进步的齿轮总会向前移动，这时又会发生什么。那些倒行逆施的政治演员时刻都在准备着，想要利用新兴技术来打压人权。如果人们不仅无力自己作出是否繁衍后代的决定，甚至还会因此获罪；如果人们生活在一个全面禁止堕胎的世界，人人都在被迫生儿育

---

[1] "罗诉韦德案"被认为是美国历史上为堕胎权提供法律支持的里程碑判例。1973 年，在该案的判决中，美国得克萨斯州的堕胎法被最高法院宣布违反宪法第十四条修正案而废止，最高法院当时裁定孕妇选择堕胎的自由受到宪法隐私权的保护。2022 年 6 月 24 日，最高法院在"多布斯诉杰克逊妇女健康组织案"中，以 5 比 4 的表决正式推翻了"罗诉韦德案"的判决。

女，那将会是一个多么严峻冷酷的未来！

这样的对话不应只局限在那些保守派生物伦理学家、法律学者和研究人员之间。2021年，ISSCR宣布建议将"14日准则"延长一些，他们也曾强调公众意见的重要性。有些科研人员质疑完全的体外人工培育是否真的可行，哪怕是这个群体也曾经承认，我们需要探讨人造子宫在社会和伦理方面带来的问题，这很重要。毕竟，很少有什么事情像孕育过程一样，会牵涉到每个人类个体。我们每个人之所以能够存在，完全都是因为有人先给予了我们生命。如果这个过程发生了变化，那我们的生活也不会保持现在这番面貌了。

每一次新生儿学和胚胎学的研究取得新进展之后，都会涌现许多评论文章。虽然我们已经身处现代社会，但如果我们把这些评论作为参照，就会发现我们当中还有许多人其实是既感震惊又感迷惑的：婴儿居然可以在人造子宫内发育！此时的我们就好比是那些在19与20世纪之交时看到孵化器的热切人群。在过去5年中，在《卫报》《每日邮报》《纽约时报》《发现》和《新政治家》以及BBC等媒体的版面上，一直都有记者预测性地衡量这项技术面世的可能性，这仅仅列举了一小部分媒体而已。除了生物口袋的图像之外，还曾经有这样一个画面占领着头条版面：画面里是一束大得惊人的红色气球，气球上点缀着塑料绳，前面站着的是圭德·奥伊（Guid Oei），他是荷兰体外人工培育项目的首席研究员、妇科医生。某些媒体报道说这是在影射人造子宫实验，但这个设计其实并不是能够运转的原型，这不过是丽萨·曼德梅克（Lisa Mandemaker）

和"下一代自然网络"[1]共同设计的一项预测性装置而已。在一些媒体讨论生育权利、性别平等以及人性未来等相关话题的评论文章中,都可以看到这张图片在被疯狂转载。"人造子宫"在空中飘浮,而医生在前面摆出姿势来拍照,这个画面同19世纪《图像》中的那幅"人造奶母"插画有着惊人的相似,那些培育在液态环境中的羊羔的照片也是如此。

生物口袋的研究团队曾遭到重重质疑,我们也能从那些问题中清楚看到,现在人们想到人造子宫时总会联想到《美丽新世界》,大部分人都是如此。在科幻小说中,还会出其不意地出现一些关于体外孕育的场景,但往往不为人们熟知。1976年,玛吉·皮尔西(Marge Piercy)出版了小说《时间边缘的女人》(*Woman on the Edge of Time*),故事里的人造子宫能给女性赋权。在我们生活的世界里,母亲独自承担孕期的各种考验以及分娩的痛苦;在母亲的往后余生中,不论孩子身上发生什么,她们都要对此负责,而人造子宫的技术正是想要从这样的困境中突围。在那个皮尔西想象的世界中,人类不再有阶级与性别之分,婴儿通过体外孕育的技术成长,然后会被分配给三位不限性别的家长。他们负责养育婴儿,整个社区也会为其提供帮助。因为这个孩子不是由任何人独自孕育出来的,所以社区里

---

[1] Next Nature Network,简称NNN,是一个国际性的研究、设计和开发(R&D&D)网络,总部位于荷兰埃因霍芬,通过跨学科的项目、出版物和活动,激发人们对人、自然和技术之间不断变化的关系的讨论。这个团体涵盖艺术家、设计师、建筑师、生物学家、生态学家、科学家、经济学家、宇航员、哲学和人类学家等各领域的先锋人物,他们基于现实问题所开展的跨学科探讨和研发,积极探索我们如何设计、建造和生活在下一代大自然中。

的每个人在婴儿出生后都应承担起照料的责任。

没有人会向当代研究人员发问：你们创造的技术是否会让我们置身于《时间边缘的女人》的书中世界？为什么人们更倾向于认为，人造子宫会导致反乌托邦式的独裁主义，而非构建出一个育儿公社般的女性主义乌托邦？对于人造子宫出现之后的未来世界，赫胥黎和皮尔西的设想虽然互相矛盾，但又都很有趣，因为他们都是基于各自所处的现实世界来构想的。我们期待如此场景能在精彩的科幻片中出现。毕竟，真正能让读者或观众沉浸其中的，恰恰就是科幻世界和现实世界的那些相似之处。

皮尔西和赫胥黎最初探讨的都是同一个问题：如果在他们当时的社会出现了人造子宫，又会发生什么？赫胥黎的创作时间是1932年，那时的英国民众多年来一直支持优生学，纳粹势力也在那年之后越发壮大。他正是在这样的背景之下设想着最糟糕的情况：在一个极权社会中，人造子宫可能会被用来控制人类繁殖，还会对弱势群体造成压迫。皮尔西的创作时间则是在20世纪70年代，那正是美国社会中女权运动与民权运动最为鼎盛的时间。她基于这样的现实设想出了一个更美好的社会。这是那些社会活动家可能会构建的社会——通过人造子宫来让护工作更像是一种集体行为，同时让人们说起"母亲身份"时不会只联想到女性。这两位作家曾一前一后写下体外孕育的愿景，之间相隔数十年。有一个共同的问题构成了他们想象的基础：如果人造子宫技术真的已经触手可及，我们又应该如何使用这项技术？现在，体外孕育即将成为现实，我们就如同站在这样的悬崖边缘。此刻的我们也必须发出同样的疑问。

　　这本书的内容基于以下前提：人造子宫的创新性应该和技术实现时的社会背景相协调。在一个理想的世界中，所有孕育者应该都有机会使用局部人造子宫，也能自由选择这项技术来拯救自己及早产儿的生命。在更远的将来，任何性别的人都可以利用体外孕育的技术来组建自己的家庭。通过这样的方式，人们可以凭借爱和信念来创造亲缘关系，超越了遗传学的基础和与生俱来的性别。但是，我们现在并不是生活在这样的理想世界之中。

　　在人造子宫技术真正出现之前，我们的社会需要在哪些方面作出改变？书中的每一章都探讨了一个不同的侧面，内容可以追溯到19世纪90年代的那场婴儿保育箱展览带来的热潮，以及1923年某场演讲中诞生的"体外人工培育"一词。之后，你还能读到未来可能出现的科技——通过体外人工培育，婴儿可以从精卵结合一直成长到足月。接下来，这本书还深入探讨了这样一个问题：那些塑造当今世界的法律、政策和机构限制了体外人工培育的可能性，同时也让我们承担这项技术带来的风险，比如加剧现有的不平等现象、破坏人权发展，而这一切又究竟是如何发生的？最终，这本书描绘出的是一条通往未来的道路——超越了我们在现实中创造出的种种不合理，也超越了我们想象的边界。在那里，人造子宫最终还是会带人类走向更美好的未来。

第二章　人造养母

如果你的孩子是一个超高危早产儿，而医生说你可以选择保育箱和呼吸机相结合的治疗方式，或选择高度试验性的人造子宫，你会作出怎样的决定？哪一种选择会对你的孩子更好呢？医生会告知你两个选项相关的预后和风险，还可能会告知你各项费用是多少，价格可能会因你所在的地区而有所差别。你会再三权衡所有掌握的信息，最终怀着冒险的心态选择其中之一。

虽然现在尚未出现人造子宫，但早产儿的父母已经面临这样一个挑战：他们面对不同的护理方式，要为自己的孩子作出选择。我写这篇文章时已经怀孕 26 周了，而这项研究本身让我清楚意识到，只要孩子在我的子宫里多住上一周，他（或她）能健康来到这个世界的可能性就更高。如果不曾直面一个需要接受重症监护的新生儿，我不相信其他人能真正体会到这是一种怎样的经历。但是，我是一个首次怀孕的母亲，满心焦虑地盼望一切都不会出问题，我无需发挥想象力就能理解这会是多么难以承受的境况。

人们必须完成大量的科学测试和伦理评估，才能让一项针对新生儿的新技术成为试验性疗法。如果我的孩子出生日期提早了太多，而医院给我提供的护理是试验性的人造子宫，我肯定会质疑这项技术此前完成的临床试验。以前的研究对象里，有多少孩子活了下来？他们得过什么样的并发症？他们被放进人造子宫的妊娠阶段是否与我的孩子大致相同？这些都是我想要了解的内容。但我并不会只基于医学证据和统计数据来作出最终决定。当我们面临一个具有挑战性的决定，很少有人会通过计算概率来作出抉择。最后，我的决定将会是出于本能的：在已有信息的基础之上，哪个选项让我感觉更加合宜？

虽然科学上的推导论断都是由数据驱动的，但不论是科研本身，还是我们为监督科研而制定的伦理法律准则，通常都渗透着复杂的人类情感。我们有必要为一部分的人造子宫试验划定界限，同时制定明确的标准，限制其在早产儿治疗中的应用，这样才能确保安全和严谨。我们有必要这么做，还出于另一个原因：这项技术最早可能应用的情境是一个生命垂危的婴儿刚刚降生，而此时要让家庭成员对治疗方式达成一致绝非易事。

要达成医疗上的同意，意味着当事人已经充分了解有哪些可能的选项，并且能够从身体健康和精神健康两方面去理解这些选项，而且还要求他们出于自身意愿接受治疗，并未经受任何胁迫。鉴于以上种种，人造子宫尚处于发展初期，若在严重早产发生后想要立即采用这些措施，是不太可能在伦理上获得批准的。例如，假设临床试验打算先选取22周至24周的新生儿作为研究对象，但对于母亲和婴儿来说，他们已经因为过早的分娩而承受了创伤。对于刚刚经历过分娩的群体来说，如果其身体和精神都承受了巨大的伤害，那么就不太可能出于自身意愿来加入到临床研究之中。

在前文提到的 EXTEND 和 EVE 研究团队都表示，他们在起步阶段都更倾向于在更可控的情况下把这项技术投入试验。因为 EXTEND 项目团队已经可以把羔羊胎儿从怀孕母羊体内分离出来，然后继续在 EXTEND 平台上继续孕育，而且"50%—60% 的严重早产儿预期都可以通过剖腹产分娩"[1]，所以项目负责人之一的埃米莉·帕特里奇预计这样的孩子就会是这项技术第一阶段的人类试验对象。换言之，对于那些被认定为早产风险极高的孕育者，团队可以尽早了解她们的意向，询问她们是否愿意参与试验。对任何人来说，这最终都会是一个艰难的决定，但如果等到早产期间或之后再想要征得同意，随之而来的伦理问题则会更严重。

美国食品药品监督管理局（FDA）负责监管美国的临床试验。EXTEND 团队已于 2017 年开始进入申请流程，但直至 2022 年仍未获得 FDA 的批准。这充分说明，人们很难界定这项研究需要在何种条件下展开。很多国家都有正在进行之中的局部人造子宫项目，美国、澳大利亚、日本和荷兰等国都在其列。在这些司法辖区，科学家们都要遵循监管准则来进行新生儿研究，满足符合人体试验的严格条件。研究人员至少要给出一个信而有征的案例，来证明他们的体外孕育模式比现有选项更为先进。EVE 研究团队的马修·坎普（Matthew Kemp）和臼田春雄（Haruo Usuda）曾指出，目前科学家们最大的困难是要找到"首位适用于人工胎盘的患者"——也就是说，在这个新生儿患者身上试验这些治疗方法是合情合理的，因为相比现有的新生儿治疗，这些新疗法显然能带来更高的存活率和更好的预后情况。[2] EXTEND 和 EVE 团队想要让人们相信，人体试验不仅可行，同时也能有所成效。很显然，他们也都有导向性地建立相应情境，并对此展开了更多研究。

2019 年，EVE 团队想要在现实情况中检测团队研发的技术，便对此展开了动物试验。早在 2017 年，这个团队就已在最初阶段的试验中成功从健康的母羊体内分离出了羔羊胎儿。而这项最近的研究则检查了该技术在子宫内部炎症的病例中能达到何种成效。无论是人类妊娠还是动物妊娠，母亲都有患上子宫炎症的可能。对于人类而言，子宫炎症往往会导致早产，对新生儿的健康状况带来不利影响。从 EVE 团队的羔羊试验结果来看，这些不良反应都可以得到有效预防，让那些胎龄和体重都极低的婴儿得到更好的照顾。

若想要证明 26 周至 27 周的新生儿使用人造子宫是合理的，这可能并不容易，因为人造子宫未必就比现有的辅助通气和保育箱等治疗方法更好。如果我的孩子在这个妊娠阶段早产，摆在我面前的是两种干预措施：一种已经久经考验，一种尚处于实验阶段，而二者的预后结果相同，那么，我会倾向于选择现有的成熟技术。但是，比方说，如果科学家能够证明，在不会出现健康问题的前提下，22 周的早产儿采用现有的干预措施后仅有 10% 的概率存活，而使用人造子宫则有 50% 的可能存活，那才更有可能说服人们选择人造子宫。假设我在怀孕 21 周时出现宫内炎症,并被告知已有一项临床试验能给我的孩子一线生机,而我需要先接受剖腹产,然后孩子会被转入人造子宫,我在这种情况下一定会认真考虑参加这项试验。也许,这项技术未来的首次临床试验就会如此展开。

EXTEND 团队也已开始研究动物试验的各种情况,这些也许能让临床的人体试验合理展开。若通过人造子宫的技术来孕育羔羊胎儿,这会对胎儿的神经系统发育产生怎样的影响?EXTEND 团队在最近的研究中具体探讨了这个问题。早产会损伤大脑发育,这是普遍存在的副作用。因此,若能证明人造子宫可以有效预防这些并发症,便更能支持人们在新生儿身上进行人体试验。如果动物试验的数据可以证明人造子宫能显著降低严重早产儿出现神经问题的概率,那才能说这项技术带来的效益大于相应的代价。而且,研究人员反复说明过若干种情况,如果新生儿在移入人造子宫后的状况并不理想,也可以再次把他们从中取出,换回更传统的治疗方式。根据当今时代的医疗规定,父母或研究人员随时都可以选择换回传统疗法。不论最初是依照哪些正当理由来把人造子宫运用于人体试验,总归还是存在一些不可避免的风险。

我们在过去几年都身处新冠疫情的语境之中,因而时常讨论科学数据、学术研究和伦理道德。忽然之间,大家都在讨论疫苗监管是否能发挥其应有的作用。但随着科学家和医疗从业者的多次强调,对于新药物和新技术的审批流程逐渐变得严格。怎样的实验医学实践是我们可以接受的?怎样的又是不能接受的?这不应该由个别科学家或医生来单方面界定,历史上的种种先例已然证明这是万万不可的。也正因此，我们对以人类为对象的研究发展出了一套严格的规定。在新生儿研究中，我们能从既往经验中清楚看到，为什么监督和问责流程都在科学研究中占据重要地位——在疫苗研究中也是如此。

那些针对早产儿的生物医学研究中，最初阶段根本没有道德准则来对研究加以约束：婴儿成了展览的内容，众人就像赶集一样蜂拥观看。《图像》将婴儿保育箱视为魔术师一样的存在，将其取名为"人造养母"。这个类比虽然有点过于奇思妙想，但也是对那个时代背景的切实反映。那时的早产儿要么只能留在家中，眼看健康状况越来越糟；要么就是被交到某个自负的医生手中接受实验性的治疗，整个过程还会成为公开展演的素材。由此可见，早年的婴儿保育箱纯粹只是无人监管的试验和试错罢了。

1837年，德国产科医生卡尔·克雷代（Carl Credé）发明了沃姆沃伦（Warmwarren）。这个技术装置是一个通过外壁循环水流来加热的中央容器，婴儿被置于其中。事实证明，沃姆沃伦很难维持运转，而且有各种安全隐患。其实，每个实验对象都是某一对父母的心肝宝贝，不过我们在时间过去两个世纪之后不太能想到这一点。换在今天，如果我的孩子是早产儿，我可以就技术的安全和预后来仔细询问医生，然后再决定是否治疗，以及采用何种方式治疗。但在婴儿保育箱刚刚问世的那几年，医生在对一位新手妈妈伸出援手时，可能都会带着高人一等的态度，而她又只能言听计从。任何一位母亲在当时可能都会遇到这样的情况。你想让你的孩子活下去吗？好吧，暂且让我把孩子放在保温的金属盆里，看看情况如何。19世纪80

年代，巴黎妇产医院引进了塔尼发明的保育箱，在刚开始使用时，院方让几个婴儿一起在热水池里漂浮着。他们是谁的孩子？尽管我们还能找到一些文献资料，详细记录着这些技术的运作方式，但第一批婴儿的去向却已无从得知。

保育箱的设计也随着时间推移而变化着。后来，一个保育箱内只会放入一个婴儿，周围放满了热水瓶，护士会勤加更换。虽然这些变化不一定就能降低婴儿死亡率，但也的确是向着更为现代的培育模式迈进。19世纪90年代，亚历山大·利昂在塔尼模式的基础上更进一步，想要尽可能地减少外界对保育箱的干扰，他还成功申请了专利。利昂使用热水管和自动暖风机来对保育箱中的空气进行加热，还加入了玻璃顶盖的设计，方便父母和医护人员观测箱子里的婴儿。

杰弗里·贝克（Jeffrey Baker）是一位儿科医生，也是医学史的专家。他曾在其著作《育婴室里的机器》（*The Machine in the Nursery*）中如此论述：保育箱标志着医学界开始将早产儿和足月婴儿区分开来。保育箱的出现是在提醒我们，早产儿需要特殊的护理，我们不能把他们简单视作弱小生物，也不应将其死亡率直接计入整体的婴儿死亡率中。[3]也正是从这时开始，新生儿学开始作为独立学科发展起来。现在，如果一个只有26周的早产儿降生在一家经费充裕、资源充足的医院，任何一位儿科医生都会毫不犹豫地对其尽力照拂。但在19世纪80年代，尽管也有一部分医生提倡使用保育箱，但这项挽救早产儿的干预措施过于新奇，这些医生依然难以从外界获得支持。他们也正是在这项挑战的促使之下，才想利用世界博览会的时机来宣传这项新科技。

如果你来到利昂的婴儿保育中心，看着自己的孩子安适地住在玻璃背后，周围全是来付费参观保育箱的观众，你在这种情况下会有什么感觉？看起来孩子是被交托在可靠的医生手中，但你会因此而满怀希望并如释重负吗？还是会被这个景象吓到？利昂的合作伙伴马丁·库尼声称，自己在法国产科医生皮埃尔·普丁（Pierre Budin）那里已经接受了培训，而且正是他让这场保育箱的展览变得如此家喻户晓。库尼曾经做过一系列巡回展出，足迹遍布意大利都灵、1900年的巴黎世界博览会、1901年布法罗的泛美博览会（Pan-American Exposition）[1]。在奥马哈[2]，他还做过一次游乐场里的展览，并给展览取了"婴儿医院"的绰号。最后，他在纽约市康尼岛的月神公园设立了婴儿保育箱的长期展览，这在后来还成了公园里的一道固有景观，1943年才停办。那些父母之所以把孩子抱来康尼岛，往往是因为负担不起住院的开销，才被建议到这里来试试看。

当人造子宫开始以人类婴儿为对象展开临床试验，动物试验的结果已经可以有力证明人造子宫具有许多益处。在培育初期，库尼和其他同行的操作都没有得到任何监管。是否会有某种特定的治疗方法能起作用？大家都还处于猜测阶段。不论当时他们出于何种动机或目的来展开试验，

---

[1] 泛美博览会是1901年5月1日至11月2日在美国纽约州布法罗举办的一次世界博览会。
[2] 奥马哈（Omaha）位于美国内布拉斯加州东部边界密苏里河畔，是该州最大的城市。

"病人"都在库尼这里得到了一定程度的照顾，而当时世界上再没有其他机构能够提供这样的服务。婴儿被包裹在温暖的环境中，负责授乳的护士每隔两小时喂一次奶。这里的医护人员 24 小时都在监测婴儿的健康状况，而且会严格遵循卫生规范。

库尼及其同事们信奉这样一个理念：新生儿值得我们去拯救。因此，他们才会投身于这样一个较为激进的项目。然而，人们最初的热情和好奇迅速消退，取而代之的是医学期刊上层出不穷的争议。这些体弱的婴儿在没有外界支持的情况下几乎无法茁壮成长，拯救他们究竟是不是明智之举？这是争议的焦点。某些医生曾经如此思考，如果我们救助这些"孱弱"的婴儿，以后社会上可能到处都是弱不禁风的成年人，如此后果不堪设想。曾经还有一个案例赤裸裸地说明这一点：1917 年，一位芝加哥的医生拍了一部名为《黑鹳》（*The Black Stork*）的电影：医生认为一对男女"并不合适"，并提醒他们之后可能诞下"有缺陷"的孩子，但他们依然不顾劝阻，生下了孩子。母亲在婴儿降生之后选择了放弃，任由孩子死去。这部默片的宣传语骇人听闻："杀死缺陷之人，就能拯救祖国！"这也和这个芝加哥医生在现实世界中的行为相呼应。他曾把一个婴儿认定为弱者，然后就任其饿死，在警察就此事来调查问询时，他回答说："如果我救下这个孩子的性命，我才是犯下了更大的罪过。这是自然造物主犯下的残酷错误，如果我让这个错误留存下来，这便会成为我的罪名。"

这样的说法如此极端，可谓骇人听闻。但其实，早在 20 世纪初的医学界，人们在私底下和公开场合几乎都会支持这样一个观点：从本质上来说，相较于那些一出生就体格健壮的婴儿，早产儿或难产婴儿的生命并没有那么有价值。有些新闻记者曾公开谴责在保育箱中展示婴儿的行为，因为这让孩子们沦为了附带的游乐项目；但当时仍有好些医生护士在那里轮班照顾这些早产儿，在医学界的同行之间，他们的做法可谓是逆潮流而动。

如今，人们对那些挽救早产儿而采取的干预措施早已改观，不仅欣然接受，还能将之视为一件功德无量的好事。人造子宫是为了让新生儿得到更好的照顾，人们对这类措施也是同声称赞。但是，以上种种都是在社会经历多年进步之后才得以实现。道恩·拉菲尔（Dawn Raffel）曾写过一本关于库尼的书。她在书中指出，库尼曾经带着早产儿去参加许多展销会，那些会场同时也在举办优生学展览，宣传社会上的婚姻存在"合适"和"不合适"的区别，而社会若要进步，则更需要那些"合适"的婚姻。[4]我们还会在第三章中读到，人们目前针对人造子宫技术的讨论依然和优生学的历史密不可分。保育箱中的婴儿往往体形小巧，身体虚弱，时刻都需要有人照顾，他们在长大过程中也伴随着这样的宣传风向：如果一个婴儿健康状况不佳、瘦小甚至身有残疾，这都是因为父母双方"不合适"。《康尼岛的奇迹》（*Miracle at Coney Island*）一书的作者克莱尔·普伦蒂斯（Claire Prentice）曾提到，据说库尼及其团队成员这些年来照料的婴儿数量累计已达8000名，其中有6500名婴儿幸存下来。[5]

库尼负责照顾的这些早产婴儿中，最小的才6周大。因此，这个高达81%的存活率相当了不起。对比当今英国的高级新生儿重症监护室（NICU），那些出生27周的婴儿存活率仅为89%。库尼接受任何种族和不同阶层的婴儿，而且从来不向家长收取费用，但也只有那些离他的展览足够近的父母才有可能尝试，因为他们必须在婴儿出生后就尽快赶到那里。1903年，库尼建好了永久性的月神公园展览，之后他还是鼓励其他医院去购买婴儿保育箱，因为他心里很清楚，如果他的项目一直停留在游乐场主打展品的状态，那就无法持续发展。直到20世纪30年代，纽约市的早产儿父母在走投无路时还是会来向库尼求助。

一个世纪过去，如今已是21世纪20年代。我们已经对人体实验制定了问责程序，部分原因是，人们在深陷绝望又别无选择时，往往已没有能力去签署知情同意书。动物实验已经证明，对那些21周至22周出生的早产儿来说，人造子宫能显著改善预后状况。但即便如此，如果研究人员在向新生儿父母推荐这种疗法时并未说明其他备选项，也没有明确告知风险，那也仍是违背道德的行为。虽然库尼提供治疗时分文不取，但他在具体操作时仍会把这些婴儿置于不规范的实验环境之中。当时并没有什么法律或道德委员来明确禁止这类活动，但在医学界和媒体界都有评论家表示，这些展览非常让人不适。哪怕处于19世纪90年代婴儿展览的鼎盛时期，这类评论也依然层出不穷。1911年，一场大火横扫了库尼的展览，婴儿们从死亡边缘被救了下来。纽约儿童虐待预防协会开始发出呼吁，认为应该让医院来接管库尼的工作。

在这些游乐场集市里，也有很多展出保育箱的策展人同时还在进行另一种规模更大的尝试，库尼也是其中之一。

他们并未把特定人群真正当成人类来看待，而是将他们视为比人类低等的奇珍异宝。在过去，世界博览会主要是为了彰显主办国的科学实力和主权。在展览的现场，这些被用于实验的人类成了展览品，他们不仅被当成调研对象，也被当成一种殖民宣传的方式。这都是世界博览会的历史遗留问题，它严肃地提醒我们，如果一项研究是以人为对象的，那就是在行使并滥用权力。记者凯蒂·桑顿（Katie Thornton）曾记录过这个时期美国的博览会，我们经常能读到此类现象：

> 在一些民俗村里，聚集着美洲原住民或是其他遥远国度来的人们。这些村落以一种滑稽可笑的方式仿造出他们的家乡，但往往只是为了迎合人们的刻板印象而已。这些人就住在村子里，如果没有游客来付钱的话，他们就会一直被囚禁在笼中。在许多游乐场或是马戏团里，可鄙的商家甚至会为了满足特权阶层的娱乐要求而不惜剥夺他人生命；这类违背道德的行为还表现在，商家还会向游客收费，然后展出那些苦苦挣扎的婴儿。[6]

1893 年，有一场博览会在芝加哥举办。人类学家们展出了世界各地的原住民，他们在会展上都住在所谓的"栖息地"里。1904 年，在圣路易斯的世界博览会上，菲律宾的原住民也成了活生生的展品，而展出他们的研究员是清一色的白种人。将原住民和早产儿打造成一种用于展示的奇观，这就是在展示帝国主义的霸权——白人帝国是如此强大，在征服殖民地之后，他们可以像掠夺商品一样占有那里的人民，并把他们作为研究对象；他们还可以把婴儿作为实验对象，本来这些婴儿也难以苟全性命。

婴儿展览开始变得广受欢迎之后，就开始有骗子们制造假的保育箱。爱德华·贝利斯（Edward Bayliss）曾在圣路易斯世博会上获取售卖许可，这可是个投机取巧的人物。他雇了一名经验很少的医生来帮忙，他们放置婴儿的环境温度过高，卫生情况也很糟糕，还给婴儿喂牛奶、麦片和鸡蛋。最后，45个婴儿中约有39人死于流行性肠胃炎。这些婴儿如果没有被放入保育箱中，原本的命运走向又会是如何？我们已经无从得知。但是，这些商家一心只想卖票赚钱，根本没有悉心照料他们，而这就是导致婴儿死亡的直接原因。

库尼在得知此事后就给《纽约晚报》写了封言辞激烈的信，认为这简直是十年一遇的大罪。但他也曾有过轻率鲁莽的时候。库尼自称接受过欧洲最高标准的培训，但克莱尔·普伦蒂斯后来揭穿了他，原来他从未拿到过医生执照。在贝利斯眼里，展览上那些婴儿的健康远没有商业利益重要，但库尼则不一样。他把婴儿视为病人，认为照顾他们是头等要务。让人欣慰的是，虽然库尼并未受过足够训练，但他一直尽心尽力地以高标准来照顾这些婴儿，还雇用到了一批技术高超的护士。哪怕我们只把他和贝利斯相对比，就会发现事态的发展和人们所预期的其实大相径庭。一个没有正规医学资质的人居然挽救了成千上万的早产儿；一个具备资质的人却疏忽大意，导致那些托付在他手中的婴儿大批死亡。这两个故事走向了不同的极端，也说明在我们确立人体试验的伦理道德时，监管体系的确是至关重要的。在圣路易斯世博会上就有39个婴儿死亡，如果单单这件事情就能引起世人关注，随后推动人们制定出一套严格标准，规定何人在何种情况下才能获准做人体试验，那就会让人安心不少。但不幸的是，在这套标准正式制定之前，还有更多这类罪大恶极的事情在世界范围内上演。

不论是过去还是现在，都曾发生过不少关于人体试验的残酷事件，这让人们感到恐惧。如果我们以后想要讨论如何让人造子宫的研究变得规范，可能会感觉这种恐惧情绪依然弥漫。有些以人类为对象的研究是违背道德的，其中遗留的创伤一直在现代科学界和医学界的顶空萦绕。人们在疫情期间都犹豫着是否要接种疫苗，也正是这种创伤的明确体现。这些人体试验往往以那些已被边缘化的群体为目标，而且没有真正把他们当成人类来对待，这样的例子贯穿整个人类历史，在全球各地比比皆是。遗留的创伤也因而变得更加复杂深重。

这些都是我们从前人那里传承而来的记忆，那么早产儿的保育箱实验又在其中处于怎样的位置？有个别医生在探索早产儿的健康干预措施，他们可能是为了挽救生命才这么做。而他们也可能得到了新生儿父母的支持，至少在某些情况下如此。但无论是在医院还是在游乐场，他们都不是在监管之下展开人体试验，而且事先也并不知道这项研究能带来什么效益，以及相应代价又是什么。

到了20世纪30年代末，保育箱在各方面都已失去人们的青睐。20世纪初，英国、法国和美国都有医院设置专门的保育箱病房，比如约瑟夫·德里（Joseph DeLee）创办的芝加哥产科医院[1]。这也是现代社会新生儿重症监护室（NICU）的前身。然而，这项技术耗资巨大，操作难度也不小，而且没有在医生群体中获得广泛支持，因为医生们最开始就经常怀疑保育箱的疗效。综合以上因素，保育箱就这样逐渐被人们冷落了。

这项技术在医学界一直被搁置，这样的状况直到20世纪40年代初才开始改变，越来越多的医生开始认真考虑采用这个方法来治疗早产儿。1943年，位于纽约的康奈尔医院开设了第一个早产儿医护站（也正是在这一年，库尼永久关闭了他的婴儿保育箱展览）。那年前后，保育箱开始被重新投入使用，为早产儿保暖并供氧。尽管利昂最早的技术存在缺陷，但当时的人们仍然遵循这样一条基本原则：婴儿应该身处温暖的环境，就像在子宫中一样。

人们再次开始关注早产儿，并且开始制定人体研究的标准，这堪称一项重大的社会转变。对20世纪20年代和30年代因保育箱展览而倍感焦虑的那些评论家来说，此情此景应该会让他们如释重负。

第二次世界大战后，全世界的人民都逐渐了解到纳粹科学家曾在医学实验中折磨甚至杀害集中营里的成人和儿童的情况。从那以后，人体试验的伦理准则就成了国际社会的关注焦点。在纳粹大屠杀之后，有23名纳粹医生受到审判，这也促成了《纽伦堡法典》（The Nuremberg

---

[1] Chicago Lying-in Hospital，是芝加哥大学医学中心的前身。

Code）[1]的制定。

《纽伦堡法典》共提出 10 条伦理规范，旨在树立针对人体试验的基本原则。其中包括一项规定，即受试者应能获取足够的信息，并具有给予完全同意的法律行为能力，而且可以随时撤回知情同意书。这些伦理规范强调，在进行人体试验之前，必须先在动物身上有过试验，这很重要；应该配备合适的设备及试验的准备措施；还要预防不必要的痛苦和伤害。根据新规定，进行人体研究的人员必须具备科学方面的资质认定。如果库尼当时尚未停下手头的工作，这条新规定可能会让他的工作中断。

《纽伦堡法典》聚焦于科学研究中受试者的权利，其内容在战后的那几年中也曾有过修改，主要是想为医生和医学研究人员提供实践上的指导。1964 年，世界医学协会制定了《赫尔辛基宣言》（Declaration of Helsinki）[2]。世界各国都把这份关于伦理原则的文件写入了法律，或是编入了医疗准则之中，用来规定从事人体试验的研究人员应该遵循的义务。1982 年，世界卫生组织（WHO）和国际医学科学组织理事会又一同制定了《涉及人的生物医学研究的国际伦理准则》（the International Ethical Guidelines for Biomedical Research Involving Human Subjects），这是为了支持各国在实际操作中践行《纽伦堡法典》和《赫尔辛基宣言》。如今人们都秉持这样一项基本理念：人体试

---

[1] 《纽伦堡法典》是确定哪些行为构成战争罪的一系列指导性原则，文本由联合国国际法委员会制定，将二战后针对纳粹党成员的纽伦堡审判所依据的法律原则编撰为法典。
[2] 《赫尔辛基宣言》是于 1964 年提出的一个医学伦理学宣言。其内容是围绕医学研究运用于人体时规定出了 6 项基本原则。

验对社会应该利大于弊。但这需要建立研究机构内部的监管制度，加上在各个国家展开立法，还要努力制定国际公约，为问责制奠定现代社会的基础，以上种种都需要花费数年时间才能实现。

在 20 世纪 50 年代至 70 年代之间，人们想要减轻早产所带来的影响，为此付出了数不胜数的努力。随着越来越多的研究者开始关注早产儿，也逐渐有越来越多的证据浮出水面，人们开始知道究竟为什么这些婴儿会如此孱弱。医生们开始了解到，早产儿是因为器官发育不全，才会出现纷至沓来的并发症。大多数极早产儿都患有严重的呼吸系统疾病，这往往是因为他们在子宫里生长的时间不够久，因而未能产生足够的肺表面活性物质。这是覆盖人类肺泡的一层光滑表面，能避免肺泡塌陷。一旦脱离子宫的液体环境，早产儿的肺就无法扩张，因此他们需要的不只是温暖的环境，还有氧气。20 世纪 60 年代，人们首次尝试制造机械呼吸机，用来辅助新生儿呼吸，这也为另一项重要的早产儿护理措施奠定了基础。

自婴儿保育箱的首次实验以来，伦理标准已经取得实质性的进展。尽管如此，新生儿研究在实践层面依然还有漫漫长路要走。虽然众多媒体报道称，现在的局部人造子宫是一项全新的技术，但其实早在 20 世纪 50 年代，就已有科学家和新生儿学专家首次尝试制造人造子宫。早期保育箱的设计灵感取自子宫本身的环境，而 20 世纪 50 年代和 60 年代的那些人造子宫研发人员则想要更进一步，创造出让婴儿漂浮起来的人造羊水。研究人员假设，如果问题在于新生儿的肺部无法在空气中扩张，那么解决办法可能就是把他们放在液体中，直到他们的存活概率变得更大。

20世纪60年代，斯坦福大学的产科教授罗伯特·古德林（Robert Goodlin）曾在为妊娠10周至18周的妇女做堕胎手术时做以下尝试：他努力让那些从母亲子宫中取出时仍然活着的胎儿在研究过程中继续存活。罗伯特·古德林后来承认，他并没有告诉所有被他终止妊娠的女性，她们的胎儿被留作研究用途。古德林应该知道自己不得人心，因为曾有一群反对堕胎的学生对他的工作表示抗议。1974年，美国参议院小组委员会曾对胎儿研究展开长期调查，在这份研究报告中还能找到这次抗议的记录。其实，虽然古德林和学生抗议者都在激烈批判对方，但他们的分歧似乎只聚焦于古德林未能成功保住胎儿性命这一事实；而学生们其实同意古德林的另一个观点，即创造一个可以"拯救"早产儿或胎儿的人造子宫是值得为之奋斗的目标。学生们把这些胎儿视为"尚未来得及出生的孩子"，他们关注的是，人造子宫对于胎儿来说是否意味着潜在虐待？但这个事件中的真正伦理问题其实在于，古德林应该是以隐瞒信息的方式误导了那些想要终止妊娠的妇女。他把女性体内取出的胎儿用于实验，试图维持胎儿的生命，却又对此避而不谈。他没有征求过这些妇女的同意。

如果当代的人造子宫试验能获批用于临床研究，那也只有那些经过其父母同意、父母有意愿留下的早产儿才能接受孕育。这和古德林的工作截然不同：他是从那些打算堕胎的妇女体内取出胎儿，然后想要偷偷把他们养大。试想一下，在这个事件中，古德林不太可能获得成功，但如果这种罕见情况发生了，谁又会对那些幸存下来的受试者负责呢？这位科学家用实验平台孕育了这些胎儿，但他自己又是否能成为孩子们的养父呢？

20世纪60年代，研究人员通过体外孕育的方式来维持受试者存活的成功率相当有限，这个事实其实不足为奇。毕竟，时至21世纪20年代初期，我们也依然未能找到足够证据来支持局部人造子宫的人体试验。一直都有科学研究在实践中出现伦理问题，上述研究正是其中几个引人关注的例子。但人们还是兴致勃勃地想要开发针对早产儿的新技术，这说明在当今时代仍有不少相似的案例发生。研究人员也早已开始在游乐园之外的地方工作。但是，新生儿学的发展仍在起步阶段，在护理中采用新方法时难免需要试验，也会出现失误，有时难免对新生儿们造成伤害。例如，在20世纪40年代和50年代，晶状体后纤维增生症（RLF）是导致儿童失明的主要原因之一，而医生们对它的发病原因还是一头雾水。医生们后来才意识到，与其说这种病症是早产带来的并发症，更大程度上其实是医生在治疗中使用了过多氧气所导致的。正如杰弗里·贝克在其作品中详细记载的那样："拯救早产儿的生命的确是当务之急，但这往往让我们忽略了这样一个问题：现在采用的各项措施究竟是有益还是有害的？"[7]换而言之，不论是处理婴儿的死亡还是他们的长期健康问题，人们在进行试验的过程中都可能付出代价，但因为人们普遍认为拯救婴儿生命对社会、家庭和婴儿本身都大有裨益，相应的代价都被忽视了。

我们在原则上对某个伦理问题的看法，与我们在自身家庭真正遇到这种情况时的感受，这二者之间不一定能理性地画上等号。举个例子，如果某项干预措施未经测试，而且尚处于试验阶段，那我大可以轻松地下定论，说任何情况下都不应该允许医生自己对早产儿展开这样的干预措施。根据历史记录，的确曾有早产儿因为治疗中的失误而意外死亡，这也能支持我的论点。但我也知道，如果这里说的早产儿是我的孩子，是那个我已经孕育了数月的婴儿，是那个我已经能真切感知到的实实在在的婴儿，那我可能就会给出不一样的答案。只要我能看到一线好转的希望，哪怕一些疗法从未测试过，或是只在动物身上尝试过，我也可能会同意采用。我们是受到情感驱动的生物，还经常会做出不符逻辑的事，虽然我们自认为忠于理智。人们制定宗旨，设立有关人体临床研究的监管规定，这都是为了洗去其中的感情色彩：如果你意识到自己正处于某种充满争议的医疗状况下，这些规定对于可为和不可为的事情都已经划定了界限。在如今正在研发人造子宫技术的那些国家，这类界限大多都已经划分清晰了。

以荷兰为例，人体试验受到荷兰中央人体试验委员会的监管，同时还必须遵照《人体试验相关医学研究法》（Medical Research Involving Human Subjects Act）的限制。这意味着，会有一个独立的医学研究伦理委员会来审查人造子宫的研究，而该委员会还将仔细评估人体临床试验是否符合该法案的规定。评估主要依据以下几个问题来展开：这项人体试验是否真的有必要？潜在风险是否过高？是否为受试者提供了充分了解信息的渠道，让他们能够出于自愿地表示同意？

根据欧洲法规，若想要以人体试验的方式来对医疗器械展开研究，必须首先明确这项试验利大于弊才可获批。儿童往往被视为弱势群体，这意味着一旦试验涉及新生儿，那么执行标准只会更加严格。如果想要展开这项工作，必须首先把潜在风险充分告知父母双方，然后得到他们的自愿批准。这个过程必须在非强制的情况下进行。人们必须明显看到新生儿能从中直接受益，疼痛和不适都必须降到最低限度，而且审查委员会中必须有人具备儿科的专业知识（在这种情况下则是新生儿科）。父母可以在任何时候撤销同意书，并且无须给研究人员提供合理的理由。如果孩子（在这种情况下是婴儿）的行为表现出他们抗拒治疗，那就必须马上叫停。和那些以成人为对象的试验相比，研究人员更需要让大家清楚地看到，患儿的利益比科学进步和社会效益更加重要。

在荷兰、日本、澳大利亚和美国，《临床试验管理规范》（Good Clinical Practice，简称 GCP）都已被作为法律或医疗的行为准则。20 世纪 90 年代举行了国际医药法规协和大会，这是为了给人体临床试验制定出一套世界性的标准，在此次大会之后便逐渐形成了这一系列管理规范。会议提出了 13 个要点，强调要保护人类受试者的权利、安全和健康状况，确定任何试验都必须要能带来益处，才值得去承担风险，而且必须怀有明确且合理的意图才能展开临床试验。受试者同意试验时，必须是自愿且知情的；进行试验的工作人员必须是适材适所的专业人士；试验工作也必须由机构审查委员会或独立的伦理委员会来批准。其实在《纽伦堡法典》和《赫尔辛基宣言》之后，也曾经颁布过许多相同的准则，而上述规范不过是在重复并强化这些内容，那些正在研究人造子宫的国家所制定的规定也是如此。以上种种，全是层层叠叠的保护措施，都是为了防止人体试验的滥用，也是为了让人们不至于陷入情感压倒道德的境地。

人们在报道人造子宫时，内容通常会出现这样的大步跳跃：刚刚讨论完近期的动物试验，就马上开始谈论这项技术已被广泛应用的那个想象中的未来。这些作者甚至没有考虑过，得先克服哪些研究上的障碍人造子宫才可能成为治疗极早产儿的实践方法。2022年1月，埃隆·马斯克（Elon Musk）[1]发表的言论在科技界引发了阵阵骚动，也正是这种跃进的体现。他们只不过是想投资"合成子宫"，减轻怀孕给女性带来的负担，这难道说不过去吗？这个观点还蕴含着复杂的深意，我们将在这本书后面的章节继续探讨。但就目前而言，如果把创造人造子宫看得"轻而易举"，那这个想法恰恰忽略了前方道路上的一些巨大障碍。即便有马斯克及其公司的支持，这些障碍也不容忽视。并不是说，这个研究领域在特斯拉的资金尚未到位时就会止步不前。几十年来，一直有许多研究团队在潜心钻研，想要研发出某种形式的体外培育。但是，因为人们在实验过程中总会遇到层出不穷的难题，许多研究都还停留在动物实验的范畴之内。

20世纪70年代，关于人造子宫的研究曾一度停滞。

---

[1] 马斯克是SpaceX创始人、董事长、首席执行官、首席工程师，特斯拉投资人、首席执行官、产品设计师、前董事长。2022年马斯克以2190亿美元财富成为世界首富。2022年1月，马斯克提出，未来社会将面临缺乏劳动力的问题，呼吁科技界同行讨论如何应对生育率降低的解决方案。

儿科医生的工作重点发生了转移，主要关注其他治疗早产儿呼吸系统疾病的方法，比如使用持续气道正压通气（CPAP）来疏通肺部气流。但到了20世纪80年代，研究人员又开始重新思考是否可以创造液体环境来维持新生儿在宫外发育。这时他们又遇到了瓶颈：在想要采用人体试验时，却发现很难充分证明其正当性。日本东京大学有一个研究团队致力于制造人工胎盘，从20世纪80年代到21世纪初一直为此努力。这个团队最开始由桑原佑树（Yoshinori Kuwabara）主持，后来由海野信也（Nobuya Unno）接任。他们使用了"体外循环"技术，成功取出了早产的山羊胎儿，然后在容器中装满温暖的人造羊水，把羊胎放进去培育。1997年，该团队发布报道，宣称他们已经成功利用此项技术让山羊胎儿存活了3周之久。但研究人员在取得这一成就的同时，也遇到了一些反复出现的困难：动物的心脏功能和循环系统都可能出问题。正如海野信也所说，他们团队的目标并不是为人类妊娠提供替代选项，而是"为那些残疾或者病重的婴儿建立起一个全面的生命支持系统"。[8] 放在新生儿学刚起步的那几年，这个目标可能本质上就意味着要以婴儿为对象进行研究。在现代社会，虽然这个团队在动物试验方面取得了成功，并且为同时代的研究人员提供了重要经验，但他们如果想要自己以人类婴儿来进行临床试验，那就还尚未达到获批门槛。

托马斯·谢弗（Thomas Shaffer）是一位美国生理学家，专攻新生儿领域。他的研究与上述研究在同一时期展开，并找到了一种别开生面的方法来重建子宫环境。谢弗采用的方法是，向早产羔胎儿的肺部注入一种模拟人造羊水的液体，以此来重建子宫内部的呼吸条件，保持肺部扩张，并保证氧气正常流通。他把这种方法称作"液态通气"。谢弗和他的团队持续研究了近 20 年，在动物试验中也取得了大有前途的进展。因此，他们得到了所在大学以及费城一家医院的批准，也征得了患儿父母的同意，可以把"液态通气"的方法应用在一个极早产儿身上——所有的传统疗法对这个孩子都毫无疗效。起初，这个婴儿出现了好转的迹象，但最终还是没能存活下来。

针对这整个程序，我们有理由提以下这个伦理问题：在紧急情况之下把某项技术首次应用在人类身上，我们是否能接受这种做法？另一方面，这次尝试的合理之处在于，技术已有近 20 年的研究基础，又曾做过多次动物试验，而且这次尝试的干预措施已是婴儿存活几率最高的一次机会。也正是基于这些理由，谢弗的团队才获准对 23 周的早产婴儿进行临床试验。这些婴儿境况危急，若局限于现有的治疗手段，死亡的可能性极高。液态通气也许更有可能让他们存活，已有充分的理由可以证明这一点。已有几名受试婴儿的肺部情况有所改善，并且没有显示出这项疗法直接引发的不良反应，因此，这个团队得以开展第二组临床试验。

第二组研究在 1996 年开始，试验对象是 13 名妊娠期为 24 周至 34 周的早产儿，均患有严重呼吸道疾病。结果是，其中 8 名外表看似健康的婴儿存活了下来。该研究再次证明，液态通气可能显著提高婴儿的生存概率，还能降低发病率。在此之前，新生儿学家都把这些婴儿评估为高死亡风险案例，而他们在接受现有的疗法之后也没有出现任何改善。若仔细观察这项研究如何进入临床试验阶段，我们可以从这个轨迹中看到，科学研究和新生儿研究都面临着怎样的挑战。即便谢弗已经积累了多年的数据，曾做过动物试验，两次获批进行人体临床试验，并且还取得了颇有成效的结果，他最终还是未能获资展开进一步的试验。要到什么时候，人造子宫才会成为一种可供人们选择的实验性疗法？这可能还要等上数十载春秋。若要把人造子宫作为新生儿重症监护室（NICU）的标准化护理方式，那更是不知道何年何月才可能实现。而且，人们下一步还要考虑它是否能够行之有效。

保育箱最早出现的那些年，人们认为早产儿的潜在感染源很大程度上就是父母本身。在进入医院开始流水化管理新生儿病房的时代之后，这个看法也并未发生改变。有一些医生承认，如果母亲选择母乳亲喂，并且一直陪伴在侧，这都会对婴儿的健康有好处。即便是在婴儿作为展览品的时代，依然有医生这么认为。尽管如此，让家人参与到早产儿的护理之中并不是常规做法。到了20世纪70年代，情况就变得不一样了。根据研究人员的观察，虽然哥伦比亚的早产儿依然有着极高的死亡率，但那些经常被母亲紧紧抱着的孩子有可能健康长大。"袋鼠式护理"[1]现在已成为照顾早产儿和足月婴儿的标准做法。这又被称作"肌肤接触护理"，即将几乎全身赤裸的早产儿放置在

---

[1] 袋鼠式护理是让早产儿或低出生体重儿与妈妈或其他家庭成员进行皮肤与皮肤的接触，帮助维持宝宝的体温，促进母乳喂养。人们现在普遍认为，袋鼠式护理有降低早产儿死亡率和患病率，稳定早产儿生命体征，提升母乳喂养成功率等诸多好处。

父母裸露的胸前。不论是保育箱还是人造子宫，这些技术干预措施往往会让公众为之欣欣鼓舞，但更加不可思议的是，紧紧贴在另一个人类的肌肤之上就能真正带来生理上的益处。

人造子宫的研究人员也意识到了父母参与的重要性。EXTEND 团队在做第一次动物试验的时候就有过这样的思考："父母对婴儿在袋子里孕育这一状况的看法"可能会严重限制这个项目的发展。有些功能可以让婴儿听到父母的心跳和声音，主要就是为了一定程度上缓解这种不适，但也可能会对健康产生实实在在的影响。虽然在妊娠早期（23 周至 26 周）出生的婴儿可能会持续出现健康问题，但其实许多早产儿在新生儿重症监护室（NICU）接受治疗之后都成功存活下来。相较于现有的早产儿护理措施，人造子宫可能和子宫环境更为接近，但真的让孕育阶段在体外延续（哪怕只是几周），又会产生什么后果？没有人能给出确切答案。因为，世上还根本没人尝试过。在整个孕期，孕育者和胎儿之间都会进行物质上的相互交换。在这些相互作用之中，又有哪些方面是无法被复制的呢？

我在即将进入孕晚期的时候，每周都会有一些新的感受：当我家的狗以一种特别歇斯底里的方式吠叫时，宝宝就会拳打脚踢；如果我吃了辛辣食物，过几个小时宝宝就会打嗝；每当我做背部伸展动作时，宝宝都会扭动身体。这些小事总会让我思考，我的身体和宝宝的身体之间究竟还有多少细枝末节是别有意义的？而我在为人父母之前，也许意识不到这些事情的重要性。

当我们想要在人体之外延长孕育，依据的伦理道德是什么？当我们谈到维持新生儿生命的相关项目时，人人都知道临床试验必须遵循极高的标准。我们也知道，旨在拯救早产儿的发明创造往往能获得大多数人的支持。但是，如果要以完全的体外孕育来实现，那人们又会作何反应？若想要让这样的愿景成真，也就是让婴儿从胚胎阶段一直到出生都在体外培育，我们就得分别从人类妊娠期的开端和结尾展开研究，根本目的是要在某个中间点汇合。对那些在培养物质中孕育胚胎的科学家来说，他们必须拉长试验进程，尽可能地延长胚胎在体外生长的时间。对那些护理极早产儿的研究人员来说，他们必须尽量挽救婴儿的生命，进一步下调早产儿的生存阈值。最终的情况应该是这样的：我们成功研发出了某种技术，让胚胎能在培养物质中生长，直到能够安全地转移到人造子宫中继续发育；或是我们发明出了某种平台，可以让胚胎从着床到出生都保持着生命状态。然而，我们在科学和伦理上都还要克服相当多的障碍，才有可能看到以上情况发生。比如，研究人员获批在实验室培育胚胎的期限是多长？是否允许胚胎在实验室一直发育到胎儿阶段呢？如果胚胎成活并发育成了婴儿，又应交由谁来抚养呢？

在现代社会，人们已经能够挽救胎龄越来越小的早产儿，而且很大程度上都对这项技术表现出竭尽全力的支持。如果库尼看到这一切，一定会倍感兴奋。另一方面，社会对于胚胎研究的进展却给出了截然不同的反响。人们之所以对于胚胎研究格外担忧，主要是因为，这些研究是为了保护"尚未降生的生命"。看似矛盾的是，人们对新生儿的研究并不会产生多少争议，因为这里的试验对象是已经呱呱坠地的婴儿。但是，局部人造子宫研究的目的很明确，就是想要让早产儿能幸存下来，以此拯救更多人的生命。相比之下，尽管在培养物质中培养胚胎也可以带来好处，比如能让我们进一步了解不孕不育症的成因，但也暗含风险，因为有些胚胎在被培育之后可能会被丢弃。

如果我们全都同意一个胚胎并不比其他任何一群细胞更有价值，又或是我们都持有相反观点，也就是承认胚胎具有其神圣性，那要对此类研究设置限制就并不是什么复杂的事了。但是，生命的起点究竟应该从何时算起？这才是让人头疼的问题。情感又怎样影响着我们制定法律和指导方针的过程？胚胎研究的监管也许是反映这点的最佳案例。对于那些人们所持观点极为两极分化的事情，又该如何制定法规来管理呢？有些人会认为胚胎与其他任何细胞群并无区别，我自己也是其中一员。我在刚怀孕的那几周总感觉恶心又疲倦，但我当时并未把自己体内的胚胎视为一个婴儿，而是随着时间的推移才逐渐赋予其这层意义。如果这个胚胎从一开始就并不在我的体内，而是被置于一个培养皿之中，那么我对它的情绪反应则取决于它的具体用途。如果这个胚胎仅用于研究，那我则不会把它视为自己的一部分组织，而且这个想法应该不会再有改变。但是，如果它将会被植入我的体内作怀孕之用，那我可能会感到自己付出了许多许多。对那些和不孕不育症作斗争的人而言，他们努力跨越了生理和情感上的大量障碍，只为能在技术辅助下成为父母。胚胎对他们来说意义重大。那些在实验室里培育胚胎的科学家很清楚，对这些细胞群的研究是很了不起的工作，一方面可以更了解不孕不育症，另一方面也能帮人们以后更好地预防流产和先天性疾病。

形成鲜明对照的是，有些能言快语的政界人士把胚胎视为"尚未来得及出生的孩子"。人们普遍认为，在天主教的观念中，受孕的那一刻便是生而为人的开始。但事实是，天主教会在几个世纪以来都允许母亲在感觉到"胎动"之前去堕胎。胎动往往发生在18周至20周左右，母亲在那时便能感觉到胎儿在子宫里活动。16世纪初，天主教会曾短暂地限制过堕胎，但这次尝试并未成功；1869年，教皇才在梵蒂冈发布训令，规定任何人在受孕之后还选择终止妊娠，都会因此被逐出教会。虽然许多教会人士都会争辩说生命始于受孕，但其实教义中争论的核心问题是"潜在的生命"。正是因为人类胚胎属于所谓的"潜在的生命"，教会在梵蒂冈发布的指令都一如既往地反对胚胎研究。在包括美国在内的某些国家，人们对于"潜在的生命"投入了近乎狂热的情感，这说明反堕胎人士一直在用情感丰富的语言来发声反对胚胎研究。他们想要暗示的是，如果研究人员在试验中使用过胚胎之后又不再继续培育，这样的行为和谋杀无异。不过，并非所有宗教传统都会这样处理这类研究。在犹太教和伊斯兰神学理念中，人们认为人格或灵魂是在妊娠后期才形成的，而非受孕的那一刻。根据某些犹太传统，一个人的生命要到诞生之时才算开始。

在胚胎学中，如有一段时间的孕育是发生在人体之外，针对其的监管是一件特别复杂的事。原因在于，即使是那些认为胚胎尚不具备生命的人，也仍会觉得体外孕育的覆盖面和性质应该受到限制。比方说，如果是为了帮助人们进一步研究人为什么会流产，我会愿意把一个胚胎捐赠给实验室，让他们去培育一段已知期限的时间，并且我不会在道德上感到负担。但如果研究人员想要在实验室中培育尽可能长的时间，只是为了看看胚胎究竟能培育多久，那我捐赠时就会于心不安。把这两种情况区分开来并不一定合理：既然我不认为胚胎在本质上有什么特别意义，那我又为什么要关心它的用途呢？说到底，我们人类本就不是理性的生物。科学可能是由事实塑造的，但很大程度上来说，当我们需要为管理科学实践而设立研究和法律上的限制时，左右我们的其实是人类的欲望、恐惧、直觉，以及对伦理的不同理解。如果一部分人认为某一类试验不应获得准许，而另一部分人认为设定限制即可，同时又有一部分人希望可以完全规避界限，那究竟哪条道路才是正确的呢？

我们该如何解释人们对胚胎的不同想法？我们设立的监管体系，究竟是要对哪些人的想法和利益来给予认可？20世纪70年代以来，这些问题对科学家和立法者来说都是巨大的挑战。1969年，罗伯特·爱德华兹（Robert Edwards）和帕特里克·斯特普托（Patrick Steptoe）曾经尝试让人类卵子在体外人工受精，并且获得了成功，相关研究成果在《自然》（Nature）期刊上发表，随后引发了新闻界的疯狂报道。他们与合作者吉恩·普尔迪（Jean Purdy）一起在培养皿中培育胚胎，使用的精子和卵子都是通过捐赠获得的。多年来，科学家们一直想在实验室环境中成功让卵子受精，以此来治疗不孕不育症。从20世纪60年代末到70年代中期，许多人报名参与斯特普托和爱德华兹的体外人工受精试验，人数甚至超出了他们的接待能力。对那些一直很难怀孕的女性来说，这些研究人员也许能够提供解决方案，光是这种可能性就让她们看到了奇迹。在这些自愿报名的人眼中，他们的胚胎又蕴含着怎样的意义呢——如果有的话？有数百名女性参加试验，只有5人最后成功怀孕，其中又只有2人等到足月才生产。

1978年，世界上第一个体外人工受精婴儿路易丝·布朗（Louise Brown）诞生，人们对"试管婴儿"的兴奋和焦虑很快达到极点。这些科学家和这个孩子的父母都收到了大量邮件，发件人有着各种各样的身份，其中有满怀希望想要成为父母的不孕不育症患者，也不乏一些宗教狂热分子，他们认为体外培育是不负责任且违反自然规律的，并对此感到愤怒。[9]英国医学研究委员会担心资助斯特普托和爱德华兹的研究会在政治上产生一系列后果，因而多次驳回他们的申请。在美国，那些想要研究体外人工受精的科学家们则聚在一起，参加一场伦理听证会。一对夫妇原本想做体外人工受精，但因为负责医生并未经过相关审查，最终因为伦理方面的考虑而在植入手术之前被叫停。夫妇二人因此起诉了位于纽约州的哥伦比亚大学和长老会医院。在印度，苏巴什·穆霍帕迪耶（Subhash Mukhopadhyay）、S.K. 巴塔查亚（S.K. Bhattacharya）和苏尼特·慕克吉（Sunit Mukherjee）也曾成功实现体外人工受精，而且与斯特普托和爱德华兹的成功同一时期发生。但是，他们迫于政治方面的压力而未能在会议上发表并分享这项研究成果。

对那些20世纪70年代研究人类胚胎的科研人员来说，他们对这项技术怀有两方面的期待。首先，他们可以由此进一步了解流产和不孕症，而且兴许能为这两种疾病的患者提供治疗。其次,若能更加了解人类生命的起源,这也可能帮他们追踪胚胎早期发育与遗传的健康状况之间的关联。科学家们是在几十年之后才有能力从胚胎中培养出干细胞。这些细胞能帮助人们深入了解某些疾病(包括癌症、帕金森氏症、糖尿病和心脏病),但他们直到那时才完全了解这些细胞的潜力。这在 21 世纪之初又引发了一场新的争议,但在 20 世纪 70 至 80 年代,所有人的目光都还只聚焦于体外人工受精技术。

莱斯利·布朗(Lesley Brown)和约翰·布朗(John Brown)夫妇一直想要有个孩子,并为此努力了 9 年之久。这世上有些人一直努力想要怀孕,还有些人则因为不孕不育症而早就断了生孩子的念想。对这两大人群来说,路易丝·布朗的降生都有着非同寻常的意义。莱斯利知道,她的女儿来到人世是一件非比寻常的大事,对她的家人是如此,对世界上其他人也是如此。在路易丝出生后,她把剪报、收到的信件和贺卡都保留存档,这全都证明胚胎研究具有多方面的价值。在这些材料中可以看到,有些人出于宗教方面的原因而批判体外人工受精,甚至发表长篇大论来指责;媒体的头版头条全都被"试管婴儿"的字样占据;但其中也有世界各地的女性寄来的卡片,她们衷心祝贺莱斯利和她的丈夫,还分享了自己怀孕失败的故事。[10]

这些科学家在体外人工受精领域取得了第一项巨大的创新性突破。这些都充分说明他们被推到了聚光灯下。政治家和法律制定者也越发意识到,不论是允许还是禁止这项工作,他们都可能遭到公众的强烈反对。体外孕育就像试金石一般显示出实验室培育胚胎的危险性,也越发凸显出其重要性。"试管婴儿"四个字频频在新闻报道中出现，持续刺激着人们的想象，仿佛人工妊娠已成现实。但其实，爱德华兹和斯特普托让卵子受精之后，只在培养皿中做了短暂的培育就迅速将其转移到了未来母亲的子宫之中。爱德华兹和斯特普托意识到，人造子宫就像是萦绕在他们工作上方的一片阴影。早在1976年的一次演讲中，爱德华兹就曾强调，他们并不打算在实验室里培育出婴儿，那时路易丝·布朗尚未出生。但他也曾谨慎地表示，虽然完全的体外孕育在短期内还不太可能成为现实，但现在人们的确已经能够实现短暂的体外孕育。体外孕育已经可以持续一定时间。也有科学界的其他人站出来发言，比如同为医生的劳伦斯·卡普（Laurence Karp）和罗杰·多纳休（Roger Donahue）就嘲笑了那些对试管受精的"歇斯底里的评论"。[11]他们指出，媒体对这项技术的报道有点走极端。我们要么就是正在研发尖端的"玻璃子宫"，并能以此来拯救孩子们的生命，要么就是在拿那些"尚未出生的孩子"做着违背伦理的实验。而两种看法都偏离了我们当下面临的问题：要帮助那些很难怀上孩子的人。

20世纪70年代末，政治家们开始比过去更为认真深入地调查胚胎研究的伦理问题。1979年，美国的卫生、教育及福利部为了讨论胚胎的问题而组建了伦理咨询委员会。1982年，英国政府成立了以哲学家玛丽·沃诺克（Dame Mary Warnock）[1]为主席的委员会。这个委员会

---

[1] 玛丽·沃诺克先后在牛津大学和剑桥大学任教。她的研究领域包括道德哲学、教育哲学和心灵哲学。2000年，为了表彰她的学术成就，英国科学院授予她"荣誉院士"头衔。

的成员还包括7名不同宗教信仰的医生和科学家，以及其他8人，其中包括1位神学家、2位社会工作者和2位律师。这个组织后来被称为沃诺克委员会，主要任务就是评估是否应该准许胚胎研究，如若允许又该如何监管。2016年，沃诺克对自己和同事当时所处的特殊情况又有所反思。科学家们想把研究继续开展下去，但人类胚胎刚刚才开始被放入培养皿中培育，还是一个全新的研究对象。

英美之所以成立这两个委员会，都是为了反映出胚胎研究中有哪些潜在的利益相关者。但二者不一定能代表整个社会的看法。例如，在沃诺克委员会的16名成员中，有15位都是白人。不过，他们在委员会中并不能给出单方面或是独立的决定。相反，他们必须评估科学上的真凭实据，听取社群领袖的意见；若有其他公民想要参与其中并给出意见，他们也要予以考虑。他们还有一个目的，就是要收集广大"公众"的感受，以及对此有何看法。尽管这两个委员会都收到了许多完全禁止胚胎研究的观点，却又都得出结论说，这项工作依然具有重大的科学和社会效益。对于那些想要孩子却又无法生育的人而言，不孕不育症是深不见底的痛苦之源。如果能进行体外人工受精和胚胎移植，都可以为受孕带来新的可能。两个委员会还一致认为，既然这项研究在宗教界乃至整个社会都遭到强烈反对，那就应该限制研究的持续时间。后来，两个委员会面对民众、宗教界的代表、胚胎学家、遗传学家和学术界人士展开了系列听证会，最后都同意展开试管受精和胚胎研究，但还是为科学家培育有生命的人类胚胎设定了期限，胚胎在体外的培养物质中不能超过14天。

在沃诺克委员会把结论公布之后，全球有包括英国在内的 12 个国家把 14 天的限制写入法律，其他一些国家则把这项规则作为严格的科学指南，美国也属其列。虽然科学家在这些国家培育胚胎超过 14 天并不触犯法律，但依然可能面临所在研究机构的严厉制裁。

安妮·麦克拉伦（Anne McLaren）是发育生物学领域的专家，也是沃诺克委员会里唯一从事科研的科学家，正是她提出在科学上设立 14 天的限制。之所以选定 14 天，因为"胚胎原线"正是在这时出现的——此时的细胞开始形成单个胎儿的结构轮廓，呈现出贯穿全身的中线。两个伦理委员会都坚信，从生物学角度来说，胚胎正是在这个时期开始成为个体。此时的胚胎既不能再融合，也不能继续分裂，这意味着它作为单个实体的蓝图已经被设定出来。这就像是为胚胎绘制出了一张遗传图，决定它最后究竟会长成你的模样，还是变成我的样子。

在美国的委员会里，像沃诺克一样担任主席的是生物伦理学家勒罗伊·沃尔特斯（LeRoy Walters）。他坦言，选择 14 天为期限有些武断。美国的伦理咨询委员会建议，时间上限可以定为 14 天，也可以定为"胚胎原线"[1]出现的时刻，因为"胚胎原线"其实也很可能会在 13 天或 15 天的时候产生。然而，正如沃诺克后来回忆的那样，

---

[1] 原线在许多重要的胚胎发育时期扮演中线的角色，包括胚胎的两侧对称、胚胎原肠形成的位置以及各胚层分布方式等。往后的细胞重排也根据这条中线进行。原线对生物伦理学来说相当重要，因为它是伦理规定上一个重要依据，如果一个胚胎产生原线时，由于已被认为已进行分化了，如此胚胎就不能被拿来做实验。一般情况下，胚胎在受精后 14 天就开始产生原线。

画出一条带有时间标记的线，规定人们不能逾越，这其实就是设定了一条清晰明了又方便执行的界限。2016年，剑桥大学和洛克菲勒大学的研究项目让人们又开始争论，探讨胚胎应在培养物质中保留多长时间。91岁的沃诺克对此的回应是，她所在的委员会之所以选择14天为上限，是因为他们认为"法律规范应尽可能寻求确定性"。[12]也就是说，他们希望能制定出一条精确的法律规则来缓解人们的忧虑，因为科学家们在这条规定之下不至于在实验室把胚胎培育成婴儿。

这再次说明，我们对研究的监管并非完全以科学原理为指导。当公众层面出现争论和怀疑时，科学原理倒是经常被用来巩固人们的"确定感"。沃诺克指出，人们担心胚胎会在子宫外一直存活9个月之久，而且试验一旦完成，科学家们就"可能把完全成形的婴儿杀死"。[13]虽然委员会曾经强调，人造子宫还要等上很长时间才会被开发出来（如果可能的话），但他们还是要设立上限并建议立法，部分原因就是想要消除公众的这些焦虑。1990年，《人类受精与胚胎学法案》颁布，这条立法建议也正式成为法律条文。该法案在2008年有所更新，但至今仍被视为英国胚胎研究的规范。人类胚胎在实验室中生长的时间界限是多久？14天的规定明确给出了划定。但这并不一定能让研究人员在探索体外孕育的过程中止步于此，也未必能让社会各界对这次的反复争论落下帷幕。20世纪80年代至21世纪初，有些研究人员想要搭建人造支架，以此复刻子宫并在其中培育胚胎。也正是在这段时间，科学家们重新开始为早产儿研发体外发育的平台。尽管海野信也和谢弗都曾公开声明自己无意发明人造子宫，但还是有一些胚胎学家公开表示，自己对体外孕育技术充满兴趣。

1988年，意大利医生卡洛·布莱蒂（Carlo Bulletti）带领团队在权威医学杂志《生育与不育》（*Fertility and Sterility*）上发表了一篇论文，题为《通过人工灌注的子宫在体外进行人类的早期孕育》（Early human pregnancy in vitro utilizing an artificially perfused uterus）。患者自愿报名参与体外人工受精，研究人员则把患者的胚胎植入捐赠得来的子宫里，然后观察胚胎是否会着床然后继续发育。这篇论文详细介绍了整个过程。虽然这项试验最终只得以持续7天，但研究小组仍对其搜集的实据充满信心，因为研究表明，人类妊娠的最初阶段有可能在实验室环境中得到复现。胚胎在子宫着床的时间即标志着妊娠的开始，而研究人员希望通过探索着床前后的两个时期来进一步了解为何有人会流产，又为何有人会患上不孕不育症。14天的规定原本是为了减轻人们的恐惧，而他们恰恰对此加以利用，如此写道："这项研究是为了首次实现人类的体外早期孕育，因为未来还可能出现全程的体外人工培育，我们无法排除这一可能性。"[14]在这个语境之中，这些研究人员并没有宣称自己计划在体外复制出整个妊娠过程。他们的研究取得了一定程度的成功，但依然在限制之内：他们只能让胚胎在捐赠的子宫中培养7天，距离培育成胎儿还有很长距离，若要培育成婴儿，那更是下一步的事了。但我们已经看到，人们对试管婴儿提出强烈的抗议，这已清楚说明胚胎研究是一个充满争议的课题。只要有人提到发明人造子宫的事，都会不可避免地触发公众反应，即使到了遥远的未来应该也会如此。

《生育与不育》是一本国际医学期刊。在布莱蒂及其合作者发表的论文中，还包含着这样一条注释。论文的编辑作出说明，"这份报告首次记录了体外模型中如何实现人类的早期孕育"，还确认了该团队已在意大利获得伦理方面的批准，同时警告说，这项研究不能在美国境内复刻，否则可能会出现"严重的伦理和法律问题"。14 天的限制在美国被视为科学研究的指南，而这显然是以上担忧背后的原因之一。虽然布莱蒂及其搭档的试验获得成功，研究成果也顺利发表，但编辑指出，这些伦理限制会阻碍此类研究在美国开展，这样让他们很快意识到，自己也可能陷入同样的担忧。2011 年，布莱蒂在回顾往事时说道，"政界"调动起了强烈的反对呼声，也对相关的伦理问题提出质疑，从那以后，他们在意大利的研究工作就此告一段落。布莱蒂仍然秉持着这样的信念：体外人工培育是可以实现的，而且人造子宫的研究可能让人类从中受益。尽管如此，他也还是指出，从目前的社会反应来看，我们不难看出这项研究若要向前推进是多么困难重重。

21 世纪初，康奈尔大学的胚胎学家刘洪清（Hung-Ching Liu）也发现，正是这些阻碍了她对体外人工培育的研究。她曾从小鼠身上获取子宫内膜细胞，然后培育出一个和小鼠子宫结构相仿的支架。子宫内膜细胞组成了子宫内侧的上皮组织层及其黏膜层，因此刘博士其实是在利用小鼠的自身结构来进行人工复制。等到小鼠的这个身体结构发育成熟，她就把培养出的小鼠胚胎放入其中。刘博士宣称，这些胚胎应有能力存活 17 天之久。2003 年，她把一个小鼠胎儿从胚胎阶段一直培养到足月,在足月之前都维持着生命状态。在小鼠身上取得成功后,她又有了更为宏大的计划。她利用人体子宫内膜组织,采用之前在动物身上试验过的方法,再次制作出了模拟人类子宫结构的支架,并在其中培育人类胚胎长达 10 天。

刘博士在美国生殖医学会科学年会上接受采访时,有人向她提出了这样一个问题,表露出对体外人工培育的满腔忧虑:"在遥远的未来,你会培育出一个能真正呼吸的胚胎吗?是不是还会在实验室里培育出一个真正的孩子?……这会成为现实,还是停留在科幻小说之中?"其实胚胎不能呼吸,也不能被等同于孩子。但刘博士撇开这些事实不谈,继而回答说:"这就是我的终极目标,……我愿称之为人造子宫。"当时可能还有些人不确定她想表达什么意思,那么在她又作出重申时,这种怀疑应该也已经烟消云散:"人造子宫的发明是有可能实现的,到那时你就可以培育出一个足月的婴儿了。"[15]

刘洪清主要是想"帮助那些着床有困难的妇女"。布莱蒂想知道怀孕早期究竟是哪里出了问题才会导致流产,刘洪清也是如此。对她来说,世上许多人都在费尽心力地想要怀上孩子,如果能把胚胎一直培育到正常的着床时间之后,那这项研究就是为他们提供了切实的帮助。不过,公众并不会由她的形象而联想到这些,毕竟她是一位公开宣称可以在体外培育婴儿的科学家。她被一位记者称作"全国首屈一指的子宫制造者",同时也面临着铺天盖地的指责电话和信件。最终,她还是放弃了这项研究。还需要顺带一提的是,当媒体对刘洪清的工作进行各种猜测并予以报道时，许多人忽略了一个急需解决的问题：刘洪清的研究并没有正式发表，所以试验的有效性还有待商榷。直到最后，这项研究在余波平息之时也未能发表。

相较于同一时期针对早产儿生命支持系统的研究，这项研究得到了更多审慎的关注。因为胚胎学与新生儿学两个领域的研究引发的情绪反应截然不同，如此情况也并不让人感觉意外。其实，从这两批科学家手头做的试验来看，他们都可能稳步走向体外人工培育：因为他们都尝试着在体外孕育极早产儿，以及想在体外培育胚胎。但是，这两批研究人员以大相径庭的方式描述着自己的工作，而这也可能是决定双方的研究成果能否被公众接受的因素之一。海野信也和谢弗都曾经十二分谨慎地申明，自己并不打算对胚胎做体外培育，并对这项试验的合理性持怀疑态度。布莱蒂和刘洪清则和他们相反。他们满怀热情地谈论着人造子宫的发明，却在无意间激发了人们的畏惧之情。反观14天限制的来源，这种恐慌情绪在制定规则的过程中就起到了主导作用。

这些研究不仅受到这些规则的约束，当时的科学水平也是限制条件之一。布莱蒂和刘洪清都即将达到14天上限。在之后那些年里则不太能听到关于人工体外培育的争论了，这主要是因为，没有什么研究能表明这是合理的尝试。截至2016年，只有寥寥数个研究人员曾发表过胚胎生长到9天的数据，而且通过了同行评审环节，布莱蒂就是其中之一。后来，来自洛克菲勒大学和剑桥大学的科学家们把胚胎培养至13天，这项了不起的成果才让人们重新认真讨论这个话题。如果不是研究人员因为遵守规则而必须结束实验，这些胚胎可能还会继续进行生物系统的自我组织。研究人员进行体外胚胎培育的能力已经可以超越法律所限定的期限，这在有史以来还是第一次。我们究竟应该允许胚胎在体外生长多久？这个问题也重回人们的视野。

魏茨曼科学研究学院的科学家曾经宣布，他们想用机械胎盘来做人类胚胎试验。2021年，他们成功把小鼠从胚胎培育至胎儿状态，这让前文提到的这场讨论进一步发酵。在现在的以色列，还没有任何规定来限制人类胚胎在实验室中的生长时间，但这项研究依然需要获得伦理方面的批准才行。这些科学家究竟该如何提出充分理由来尝试这项实验？公众最终又会如何回应？20世纪80年代，沃诺克委员会建议以14天为限，但在人们那时的感觉里，科学家把人类胚胎培养成胎儿的画面还相当遥远。然而，我们在给这类研究设限的过程中，现在已经走到又一个十字路口，这个进程比预期的更快。

第一章已经提到，国际干细胞研究学会（ISSCR）于2021年修订了指南，取消了14天的限制。他们现在建议对每次申请都进行严格审查，逐一决定是否批准。ISSCR之所以提议采用这种方法，是因为即便设立新的时间上限，科学研究也还是可能会再次超过新的限制。这项变化实际意味着，如果某些国家是依据这项科学准则来加以限制，而没有正式立法，那么研究团队就可以向相关机构申请，若获批准就可以继续培育超过两周期限的胚胎。大学和研究机构则可以自己制定标准来定义哪些理由是合理的。委员会强调，必须对各项计划中的研究进行仔细评估，弄清如果延长上限会带来哪些利弊。

一个来自美国洛克菲勒大学的研究团队曾经把胚胎培育了 13 天，当时在 ISSCR 的规范之下停止了实验。但如果放到现在，他们其实可以申请批准，把实验继续进行下去。ISSCR 还建议那些目前已经立法执行时间限制的国家，对于之前的法规进行重新讨论，并征求公众意见。对这些国家而言，这才是政治上因事制宜的做法。毕竟，如果科学家的工作在英国受到法规约束，那他们可能更想转到另一个法规更为灵活的国家去继续研究。

那么，现在的问题变成了：若想要在体外培育胚胎，要基于怎样的理由才算正当且充分呢？之所以之前会定下 14 天为限，一定程度上是为了缓解人们对实验室培育婴儿的焦虑。胚胎一方面具有研究上的用途，同时也被人们赋予了情感上的意义，14 天的限制也是希望在这二者之间取得一定平衡。我们能在多大程度上让这种平衡发生倾斜呢？有些已经成功将胚胎培养到时间上限的科学家曾经明确表示，虽然他们的工作可以推动科学进步，也为社会作出贡献，但是否延长时限已经不是科学层面的问题，这应该交由社会来给出答案。剑桥大学的马格达莱纳·泽尼卡-戈茨和洛克菲勒大学的阿里·布里凡鲁（Ali Brivanlou）都曾如是说。

那些赞成突破 14 天限制的人表达过许多论点，其中包括这样一个观点：若让研究延续下去，则可能会进一步了解并预防流产，在这方面取得重大突破。根据估算，在那些愿意生下孩子的孕育者中，有 10% 至 25% 的人会以这种方式流产，可以说这是一项迫在眉睫的研究。许多问题主要都是对女性的生活造成影响，比如，很多女性在怀孕后又流产。遗憾的是，人们对这类课题了解不够，相关研究也依然不足。为什么有些人无法怀孕？为什么有些人反复在怀孕后流产？若能挖掘出背后的更多信息，这对那些与不孕不育症作斗争的人来说，也是非常有意义的。我们需要记住，在制定科学实践的规章和准则时，人类的情感总在发挥着重要作用。我们会听到基于宗教意识形态的反对意见，但也看到有些研究真的可以减轻人们承受的痛苦。若把这两方相提并论，我很难想象这会符合伦理。究竟有多少人曾经流产多次，却无法从医生那里得知具体的原因和解释？又有多少人，因为不知道自己的身体究竟出了什么状况而感觉格格不入？

如果能让胚胎的生长时间超过 2 周，人们还可以更好地了解脊柱裂[1]、糖尿病、癌症和帕金森氏症等疾病，这也许能帮未来的新型疗法奠定基础。在评估要不要制定新的规范或法则时，在思考应该允许科学家在体外培育胚胎多长时间时，我们不妨也把世界各地目前的状况考虑进来。虽然许多司法管辖区都对胚胎研究限制时间长度，但巴西、以色列和法国等地却尚未开始。其他某些地方已经设立了这些限制，但还没有明确制定出违反之后的相应惩罚措施，中国就是如此。我们是否需要对体外人工培育的研究达成全球共识？有些人可能还是希望保留 14 天的限制，毕竟这已经是现有法律的一部分。但是，即便我们不再对此展

---

[1] 脊柱裂（spina bifida）是最常见的先天性神经管发育缺陷，可导致不同程度脊髓神经功能受损及残疾。

开讨论，体外人工培育研究可能还是会继续向前发展。但这可能意味着，只有在那些法规和问责措施较少的地区才会有人展开这项研究。

让我们把目光放回20世纪80年代。沃诺克委员会集体编写出了一份报告，但其实并未达成全员共识。沃诺克本人认为，在这个过程中，他们之间的分歧恰恰是编写过程中的重要推力。她表示，如果每一位委员会的成员都毫无异议，那就说明他们这个团体未能非常准确地反映出社会各界的想法。宗教团体对体外胚胎研究担忧，他们的某些想法既不符合科学原理，也站在女性权利的对立面。如果想要把所有胚胎和胎儿都视为完全的人，并加以保护，那就会损害孕育者的权利，也是在否认堕胎其实是符合医疗和社会需求的必要措施。很显然，是一个保守派的、清教徒式的少数群体在不断推进这项议程，他们在美国政界有坚实的基础。2022年，最高法院作出裁决，废除了"罗诉韦德案"中确立的堕胎权。这次的裁定又是开创了新的历史先例，让人感觉一片黯然：胚胎将被视作具有法律权利的个体，因此如果一位女性被迫怀孕又想要堕胎，则可能陷入被定罪的残酷境地。某些人甚至希望胚胎得到比许多活生生的人类儿童更好的照顾，但我们不应该基于这点就抑制胚胎研究，因为这的确能在医学上带来潜在的益处。然而，除了这些处于边缘地位的评论家，还有其他不少人也对这项研究的伦理和重要性持不同看法。

不论是胚胎的体外生长试验，还是新生儿体外孕育的研究，我们都能在情感上找到令人信服的理由予以支持。前者有助于科学家们研究流产，后者则可以防止人们因为失去早产儿而承受创伤。但我们也可以得出一个合理的结论：许多人总会强烈地想要在某个时间点划出界限。

如果科学家的研究能维持8周（56天）[1]，胚胎就会被称作胎儿。若以进一步探索人类生育能力为由，研究到了这个时间点仍有可能继续，我们是否会在这个阶段依然允许试验继续进行呢？如果用于试验的胚胎来自捐赠，而捐赠人之前其实非常努力想要怀孕，研究人员又是否能获准把胎儿植入捐赠人的子宫？如果是植入人造子宫，又是否可以呢？

有一个新生儿研究团队认为，现在他们的技术可以用于早产儿身上，胎儿最小可达21周。我们可以想象，最后阈值可能会变为20周，然后又变成19周。若以帮助早产儿存活为由，团队便有了正当理由来开展之后的每次试验。

但研究人员曾经一再指出，新生儿相关技术在低于某个阈值时，可能会面临科学方面的切实挑战。开发生物口袋的科学家也曾说过，如果新生儿孕育时间没有达到某个时间点（他们预计在21周或22周左右），他们可能就无法把人造子宫平台和这些新生儿的血管相连了，因为胎儿这时的血管极其微小，而且相当脆弱。

让我们暂时假设，胚胎学的研究人员可以把胚胎培育至56天的时间节点，这时胚胎已经变成胎儿；而新生儿学的专家们则可以努力培育19周或20周早产的胎儿（这

---

[1] 精子与卵子结合后8周，人体主要器官即已成形，一般以8周为界限，前阶段称为胚胎期（embryo），后阶段称为胎儿。

个阈值略低于目前21周至23周的目标）。即便如此，孕育过程中间的几个月依然没有着落。我们都知道，技术可能会飞速发展。如果新生儿领域的研究人员最后能在子宫外部成功培育周数更小的早产儿，而胚胎学家也能在实验室中培育胚胎超过56天的限制，那么问题就会变成：这两项新发明是否能获得批准呢？

以前的研究人员公开谈论体外人工培育时，公众反应激烈；围绕14天规定的讨论也仍然萦绕着紧张的气氛。我们似乎可以从这些推测出，公众可能会在某个时间点开始觉得，胚胎体外培育是一项让人不适的试验。另一方面，如果体外人工培育的进展主要发生在新生儿研究的领域，则可能不会引发同样的担忧。若想对新生儿做技术上的试验，必须要有非常令人信服的理由才可以。但是，如果把妊娠阶段逐步向前推进，科学家还是能够证明局部人造子宫安全且有效，那就能说明它很可能会提高极端早产儿的存活率，也会因此受到欢迎。这里就需要一批临盆时间越来越早的早产儿作为研究对象，他们必须是父母都想要生下来的孩子，而且必须是母亲自己孕育的。

这些参与体外人工培育试验的孩子，不论在胎儿状态还是随后进入的婴儿状态，不论是处于妊娠期的开端还是末尾，他们都将参与一项史无前例的试验，这是不可避免的情况。如果有人想要首次尝试让婴儿从精卵结合一直生长到足月，能基于什么理由去这样做呢？如果说是为了帮助那些本来无法怀孕的人孕育婴儿，这个理由算得上充分吗？

在当今社会，并不需要体外培育技术的参与，也已经有了很多组建家庭的形式。许多人孕育了婴儿，却从未真正成为他们的父母；许多人从未孕育过婴儿，但依然扮演着父母的角色。怀孕并不能自然而然地产生亲子关系。但是，迄今为止，我们每一个人都是由另一个人孕育出来的：怀胎十月的时光让孕育者和胎儿形成了相互之间的联结，这是一种长期持续的"反馈回路"[1]。

我现在已经怀有7个月身孕。假设我的孩子是由人造子宫孕育的，那会是怎样一番情景？我简直无法想象。女人在怀孕期间总有大量信息需要消化：我做的运动、吃下的食物、喝下的饮料、睡眠长度及质量、内心的焦虑会不会对宝宝产生影响？我服用的药物会不会影响宝宝的发育？怀孕绝对算不上什么"自然而然"的事，你就像是突然开启了一种全新的生活方式——在这种模式中，你的行为不仅关系到你自己，还可能在生理上对另一个人产生影响。这也是有些人对选用人造子宫的提议非常感兴趣的背后原因之一。当腹中的宝宝尚未长成，必须完全依赖我们才能生长时，我们就已经在以各种各样的方式来影响他们，不论是宏观还是微观层面都是如此。对怀孕的人来说，这是身处一种非常真切的联结之中。如果这种联结从此在世上消失，世界又会变成怎样呢？这会是一种全新的孕育形式，不只是建立一套婴儿的生命支持系统而已，这二者显然不可相提并论。

---

[1] 反馈回路（Feedback loop）是系统（机构组织或有机个体）在输出端借由一定通道反送到输入端形成的"闭合回路"。在生物学中，是机体生物钟的化学物质在产生输出信号的同时，通过生成其他蛋白复合物，转运到细胞核而反馈抑制该化学物质的形成，从而抑制输出信号的通路。

如果一个婴儿是经由技术手段孕育而出，这段经历会和由人类孕育有何不同？如果我们认为这项试验具备正当理由并最终予以批准，又会带来怎样的后果？我们与其猜测未来会如何，倒不如回到过去的时间长河中去寻找这些问题的答案。让我们回到 1923 年的剑桥，那是一场参与者甚众的文学聚会，人们在会上首次创造出了"体外人工培育"（ectogenesis）这个术语。

第三章　美丽新世界中的体外人工培育

我们之所以想要推进人造子宫技术，归根结底是为了帮助孕育者和新生儿。但我们又能否确定，这项技术以后真的会为这个目的服务？我们究竟该在多大程度上限制胚胎试验，这是个众说纷纭的问题。人造子宫在实际的应用过程中究竟有何利弊，同样也是见仁见智。

从英国政府在新冠肺炎暴发时的举措来看，政府最高层把某些群体的生命看得比其他人更有价值，这实在让人心痛。政府一再宣称，没有必要进一步限制疫情发展，因为只有"老年人"和"身患隐性疾病的人"才会发展为重症，甚至因此死亡。优生学的观点已经渗入现代文明之中，这就是一个很好的例证。优生学指的是，国家、官方机构以及其他组织的掌权者想要扼杀他们眼中的"低价值"人群，或是限制他们生育，或是任由他们死亡；他们也会把某些人系统地归为"高人一等"的类别，鼓励或刺激他们生育。"优生学"一词的字面含义就是"优秀的被造物"，但在发展过程中却被打上了种族主义、残疾歧视、年龄歧视和种族灭绝的烙印。很多人在这个理念的驱使之下，对某些特定群体实施暴行，在各个国家和不同历史时期都可以找到例子：历史上曾爆发纳粹大屠杀；美国和加拿大的黑人以及原住民被系统性地强制绝育；世界各地都曾发生过针对残疾人的绝育，甚至还有政府批准的谋杀；某些国家漠视新冠易感人群，导致无数人的不必要死亡。优生学理念正是这些事件背后的驱动因素。

这为何也关系到人造子宫技术呢？这项技术让人们可以在体外培育婴儿，为不孕不育症患者提供又一选项。第六章也将会提到，若外部条件合适，这项技术能促使孕育和生育的方式变得更具公共性。但与此同时，如果借助这项技术来控制谁能够生育、谁不能生育，这也可能会成为一项危险工具。当我们回顾"体外人工培育"一词的起源便能从中窥见，人造子宫的发展历程一直和优生学瓜葛相连。在最早那些围绕"体外人工培育"的公开辩论中，最引人瞩目的观点便是：若想要阻止某些人群的生育行为，同时又鼓励其他人群生育，这项技术会成为最理想的手段。我们在回顾这段历史时，也不禁会陷入深思：我们已经走了多远？我们脚下的路又还有多长？如果我们现在把这项技术投入使用，又是否会被当权者用来实现优生学的目的？当今社会的法律法规和公共政策又能否阻止这样的情况发生呢？

查尔斯·凯·奥格登（Charles Kay Ogden）曾在剑桥大学创立了异端学会（Heretics Society）。1923年，一群年轻作家、哲学家和科学家在此聚集。他们不拘一格，兼容并蓄，共同探讨了当时最具争议性的话题。这些人都经历过第一次世界大战和1918年的西班牙大流感，其中还有些人在大流感期间曾做过士兵、护士或医生。他们在经历这一切之后重返校园，往往怀着厌世之情，不服从权威，并想让自己适应未来世界的发展。1921 年，剑桥大学尚未把纽纳姆（Newnham）和格顿（Girton）两所女子学院[1]列为大学的一部分，但异端学会仍然欢迎女性来加入辩论。朵拉·罗素（Dora Russell）[2]是一位社会主义女性主义者，其丈夫是著名的和平主义哲学家伯特兰·罗素（Bertrand Russell）。奥格登本人曾在第一次世界大战之前邀请她入会，同时也为她的丈夫提供平台。还有许多名人雅士都曾是参与者和演讲者，比如路德维希·维特根斯坦（Ludwig Wittgenstein）、T.E. 休姆（T.E. Hulme）、剧作家萧伯纳（George Bernard Shaw）、作家弗吉尼亚·伍尔夫（Virginia Woolf）、护士兼小说家维拉·布里顿（Vera Brittain），以及英国首位获得终身学术教职的女性简·哈里森（Jane Harrison）。这个学会在 20 世纪 10 年代仍处于初创时期，人们主要讨论的都是暴力与和平的相关辩题。但在战后的那些年里，这个团体开始转向未来主义，开始热切关注科学和社会的未来究竟会如何发展。他们曾在自身的时代目睹了各种可怕的经历，或许是想要寻找某种解药。100 年之后，世界会变成什么样子？在他们生活的世

---

[1] 此处原文似有误，原文写的两所学院分别是牛顿（Newton）和格顿（Girton），但根据搜索的历史资料，这两所女子学院应该是纽纳姆（Newnham）和格顿，两所学院在 1921 年时仍不被认可为剑桥大学的一部分，一直到了 1948 年才正式成为剑桥大学的学院之一。因此译文进行了修正。
[2] 朵拉·罗素（1894—1986），是英国著名的女性主义者、和平主义者和社会活动家。她在 20 世纪初以及 20 世纪中叶积极参与了女权运动，并在社会和政治方面发表了许多见解深刻的文章。

界中，无数人在冲锋陷阵或入住医院时失去了生命；他们希望，100年后的世界一定要比眼下更加美好才行。

1923年，在异端学会的一次大会上，约翰·伯登·桑德森·霍尔丹（J.B.S. Haldane）[1]发表了题为《代达罗斯[2]，或科学与未来》（Daedalus; Or, Science and the Future）的演讲。他时年31岁，是一位个性独特的遗传学家、生物学家和作家。他面对一群热情高涨的听众，提出了"体外人工培育"（ectogenesis）这个词。就这样，他不仅开启了同辈对于人造子宫的想象，也在未来几代人的脑海中埋下了探索这项未来科技的种子。霍尔丹引导听众做了一项思维实验，他假装自己穿越到了150年后，是"一位笨头笨脑的大学生"，"在大一新学期就向导师朗读论文"。他通过这样的方式表达了自己的想法。霍尔丹假设自己站在2074年，以剑桥大学学生的口吻来梳理历史，复述出了迄今为止的重大科学发现。他的演讲涵盖了许多议题，其中包括：到了20世纪70年代，英国的许多孩子都不再是"人类女性生下的"。[1] 1951年，一名女性因飞机失事而死亡，她的胎儿被用于科学实验；霍尔丹由此预言，世上即将出现第一个体外人工培育的婴儿。他认为，用不了多少年，科学家们就能"从女性的身体中取出卵巢，放入适宜的培养液中维持长达20年，使其每月产生一个新的卵子，而且高达90%的卵子都可以受精；胚胎也可

---

[1] 约翰·伯登·桑德森·霍尔丹（1892—1964），20世纪著名的英国生物学家和遗传学家，优生学家。达尔文主义和进化论的坚定支持者，他对自然选择和遗传变异的理解对现代遗传学的发展产生了深远的影响。
[2] 在希腊神话中，代达罗斯是一位技艺精湛的建筑师和工匠，被视为智慧、知识和力量的象征。

以顺利成长9个月，然后可以离开液体环境，在空气中继续生存"。在那个时代，人们已经对动物胚胎做过分离和转移的研究。正如异端学会听众所预期的那样，霍尔丹许多灵感和启发正是从中而来。

19世纪90年代，动物学家瓦尔特·希柏（Walter Heape）声称，他已成功将一只母兔孕育的胚胎转移至另一只母兔体内。1913年，医生阿尔伯特·布拉奇特（Albert Brachet）在体外培养了哺乳动物的胚胎。在霍尔丹看来，这些进展全都是通向体外人工培育的历史性里程碑；如果我们在20世纪10年代就已经能在实验室中培育动物胚胎，那么等到20世纪70年代，我们也许能以同样方式培育人类胎儿，这样的假设并非遥不可及。霍尔丹还进一步预言，尽管体外人工培育会引起宗教领袖的强烈抗议，但最终也会成为普及的技术。人们可以解放身体，从而享受性带来的愉悦，无需担忧意外怀孕。霍尔丹其实是带着轻松戏谑的态度作出如此推测的，他认为，这是人们性态度转变的一种极端逻辑。他曾特意这样描述体外人工培育："19世纪开始，人们逐渐把性爱和生殖分开"，而这项发明能最终实现这种分离。他对胚胎研究科学进展的预测或许过于乐观，但至少他精准预见了体外人工培育将会面临的某些挑战，以及相关的伦理问题。

霍尔丹希望这篇《代达罗斯，或科学与未来》能给受众带来冲击，后来证明的确如此。查尔斯·凯·奥格登很快将其作为"今日与明日"（To-day and To-morrow）系列的首部作品出版，进一步扩大了其影响。这个系列都是小书，作者也都是异端学会的会员或工作人员。该系列后来出版的书籍都沿袭了霍尔丹最早那本书的形式，每位作者都论述了自己对未来世界的独到见解。他们中的大多数都对当时的科学研究了解颇深，很多人也积极投身政界，敢于发言。他们中的大多数在政治上都支持社会主义，但也有一些人是坚定的右派。

未来世界的性关系会是如何？女性的社会角色应该怎样定位？人类孕育过程是否可以被复制，又是否具有独特性？在"今日与明日"丛书中，人造子宫成了探讨这些问题的切入点。但从霍尔丹最早的那场演讲开始，这群作者的讨论就一直被这样一个问题主导着：人们能用体外人工培育技术来阻止某些群体继续生育吗？或者说，是否可以用来鼓励另外一些群体生儿育女？这项技术是否会成为创造"更优等的"人类的最终手段？

霍尔丹掀起了关于人造子宫的辩论浪潮。在他的描述中，若要畅想人类在未来的性别概念和性行为，若想描绘出优生学的前景，这项技术是无法绕过的关键场域。尽管数百年以来，"某个群体比其他群体更有资格获得生命"的观念已是根深蒂固，但直到19世纪60年代，英国科学家弗朗西斯·高尔顿（Francis Galton）[1]才开始明确提出，不论是外貌、智力还是道德品质，这些特征全都可以遗传给下一代，这和个体所属的种族以及家族血统有关。他开始使用"优生学"这个专有词汇，指的是通过控制人类生

---

[1] 弗朗西斯·高尔顿（1822—1911），英格兰维多利亚时代的博学家、人类学家、优生学家、热带探险家、地理学家、气象学家、统计学家、心理学家和遗传学家，他是人口统计学的奠基人之一，也是遗传学领域的先驱，优生学运动的支持者。

育来确保"适者生存"。

高尔顿的很多观点都对表兄关于自然选择的研究有所借鉴。他的表兄查尔斯·达尔文（Charles Darwin）创立了这样一套理论：虽然某个特定物种是从共同的祖先进化而来，但会出现物种内部的变异；随着时间的推移，那些最能适应环境的变异群体将会存活下来，其他群体则会逐渐消亡。高尔顿及其同行也想把这套理论应用在人类身上。根据他们的假设，英国曾为保护弱势群体而作出社会干预，这对自然选择的进程而言是一种阻碍，同时也会阻止人类的进步。高尔顿认为，若能够鼓励那些"适应环境"的人生育后代，同时阻止那些"不适应环境"的群体继续生育，社会可以变得更好。在不同国家和历史时期，究竟哪些人会被残忍地归类为"不适应环境"呢？这个划分通常能清晰反映出掌权者在考量过程中更重视什么。例如，英国政府在 2020 年和 2021 年都曾采用优生学的指导方针，导致了特定人群的死亡，包括残疾人、老年人、免疫系统受损者，还有那些因工作而直接接触公众的人；大多数人都来自社会经济条件较差地区，还有许多南亚裔和非洲裔的英国人，比例大到不合常理。英国政府用来指代他们的词相当隐晦，比如"有潜在健康问题的人群"，或是"对新冠病毒易感的人群"。在英国政府看来，这些群体在某种程度上会因为生理原因而更容易患病，甚至死亡，因而被定义为"不适应环境"。保护上述人群本应是政府和公众的共同责任，而英国政府却想要推卸责任，维护自身真正优先考虑的因素：国家的经济发展和那群极为富裕的人。这其实延续了 19 世纪优生学家的同一套逻辑。曾有些国家不惜一切代价追求权力，最终导致了殖民主义和奴隶制。但正如安吉拉·赛尼（Angela Saini）[1]在她的著作《优越》（*Superior*）中所述，19世纪80年代的科学家找到了生物学的依据来为这些暴行辩护。[2]优生学家们根据人们的肤色、所处地域和社会阶级，系统地划分出"适应环境的人"和"不适应环境的人"，这其实是为洗刷大英帝国的残暴行为而找出的一套说辞。

高尔顿和他的同道最感担忧的是，工人阶级和新移民的生育率会比上层阶级更高。他们认为，那些受过教育且四肢健全的盎格鲁-撒克逊白人群体应保持纯净。他们感觉这种纯净性正在被破坏，因而把优生学视为一种维护手段。高尔顿等人对劣等性的特征作出了广泛的定义，包括精神疾病、智力障碍、身体差异或残疾、癫痫或亨廷顿舞蹈症[2]、酗酒及滥用药物、从事性工作、有犯罪记录等。如果某个人身上有以上任一特征，都会被视为"不适应环境"。优生学家认为这些所谓的不良特征和行为会遗传给下一代，而且从遗传基因上能关联到某些族裔的移民以及工人阶级。优生学家想要证明采取预防措施是有必要的，否则下层阶级就会"占领社会"。优生学其实是一个对人

---

[1] 安吉拉·赛尼（1980— ），英国科学记者、电台媒体播报员和作家。她曾在BBC担任记者，并于2008年离职，成为一名自由作家，作品刊载于《科学》《连线》《卫报》《新人文主义者》和《新科学家》等刊物。

[2] 亨廷顿舞蹈症（Huntington's Disease, HD）是一种遗传性疾病，会导致脑细胞死亡。早期症状往往是情绪或智力方面的轻微问题，接着是不协调和不稳定的步态。随着疾病的进展，身体运动的不协调变得更加明显，能力逐渐恶化直到运动变得困难，无法说话。心智能力则通常会衰退为痴呆症。

类进行分门别类的系统,背后的推动力就是白人至上主义的思想。他们声称,人类的种族和阶级可能带来相应后果,比如更高的患病率和犯罪几率;如果一个人不是白人,又不富裕,那就理应得到次等人的待遇。他们真正的目的在于让普罗大众都接受这个想法。

第一次世界大战之前,英美两国都出现了和优生学有关的社会组织,且都和研究机构有附属关系。这些组织主要想让公众知道,它们的主要作用就是保证人口的"适应性"。之前举办保育箱婴儿展览的正是这些组织,它们同时还开展了游乐场竞赛和信息宣传活动。除了这些活动,这些组织还积极倡议国家制定政策,想要通过绝育、反异族通婚法(禁止不同种族通婚的法律)以及移民控制等手段来限制"次等人"繁衍后代。

赛尼指出,高尔顿等人在宣传观点时使用的是科学术语。1907年,高尔顿与西比尔·戈托(Sybil Gotto)一起成立了优生学教育协会。当时,某些在英国最具影响力的人士也纷纷对这个组织表示支持。1910年至1920年间,高尔顿在伦敦大学学院成立了高尔顿国家优生学实验室,隐秘地为伦敦大学学院的优生学研究奠定了基础。2018年,有人发现了一些进行中的学术会议,参会者必须受邀才能加入,且都对白人至上主义有着浓厚兴趣,认为种族差异会带来智力上的差异。有一项相关调查随即展开。在20世纪10年代和20年代,有许多人主张把优生学作为一项社会政策,其中的主力军包括费边社(Fabian Society)的创始成员比阿特丽斯·韦伯和西德尼·韦伯(Beatrice and Sidney Webb),他们担心英国社会中居于上层且受过教育的人数正在减少；还有亚历山大·格雷厄姆·贝尔（Alexander Graham Bell），他认为应该禁止聋哑人相互结婚；还有内政大臣温斯顿·丘吉尔（Winston Churchill），他公开表示应对"智力低下的人群"推行联姻限制、社会隔离和绝育。

1905 年，英国颁布了《外国人法案》（Aliens Act）[1]，这是英国最早颁布的一项重要移民管理法案。法案措辞隐晦，看似中性，其实主要是以社会边缘的移民为攻击目标。"罪犯""乞丐"以及精神疾病患者均会遭遇入境限制。政府之所以制定这样的法案，其实是因为担忧"盎格鲁－撒克逊人"血统被"稀释"。政府在颁布《外国人法案》之后便开始限制移民进程，其间还出现了一项限制东欧犹太人入境的优生学方案，这也成了这部法案的有力支撑。这些移民中大多数在入境英国时正处于穷困潦倒的状态。

1908 年，优生学教育协会会长詹姆斯·克莱顿－布朗（James Crichton-Browne）加入了皇家委员会[2]，负责低能人群的护理与调控（the Care and Control of the Feeble-Minded）。这个委员会大肆宣传残疾人和精神疾病患者应接受强制绝育，把他们称为"我们社会中的废物"，应该

---

[1] 1905年英国通过的《外国人法案》，将之前散见于各部法律中与外国人出入境相关的内容归拢到这部法里，并设立了口岸检查机制和移民上诉程序，以专门的法律确立了针对外国人的出入境管理模式，形成英国现代移民政策的雏形。

[2] 皇家委员会（Royal commission）或调查委员会（Commission of inquiry）是一种临时法定组织，通常只能由该国元首召开和委任，但委员会独立于政府本身，有极高公信力。职能分为两大类：一、调查争议事件的事实真相，诸如儿童性诱拐或重大灾难等；二、对争议的政策给予建议。

"尽可能地被清除、收集并利用起来"。皇家委员会公布调查结果之后,优生学的拥护者们欣然迎接英国1913年颁布的《智力缺陷法》(UK Mental Deficiency Act)。这项法案对1886年的法律进行了更新,如果一个人被定义为"白痴""低能者"或"智力低下人士",则可以对其实施监禁和隔离。在这样的分类之下,这项法案在鼎盛时期大约曾把65000人送入专门机构。直到1959年,该法案才被废除。虽然也曾有人提议对这些人采取强制绝育措施,但提议最终未被采纳。但是,这并不意味着在英国没有人支持强制绝育。1931年,一位英国工党的国会议员曾再次提出要采取绝育手段。他认为,"如果有些人只会让父母承受负担,给自身带来痛苦,那我认为他们对社会生活也只会造成威胁,他们就应该被限制生育后代"。[3]

20世纪初期,北美也被同样的风潮席卷,涌现了一批类似的法律。1907年至1931年间,美国有30多个州通过了相关法规,允许对"低能者"进行强制绝育。截至1935年,受到波及的人数至少达到2万。20世纪20年代末和30年代初,加拿大的阿尔伯塔省和不列颠哥伦比亚省也通过了类似的法令,其中阿尔伯塔省后来甚至更进一步,无需征得"低能者"同意也可强制执行。其他省份虽然拒绝把绝育写入法律,但也让优生学的思想以其他方式得到了应用。在新斯科舍省,如果一名妇女被认定为具备生育能力但"不适合"成为母亲,她就会被送进社会福利机构。

美国有许多州都出台了相关法律,对残疾人及部分慢性病患者通婚加以禁止或限制。在优生学领域,许多志同道合的学者在各个学会聚在一起,比如优生学档案办公室及其分支优生学研究协会、美国的高尔顿学会。他们想要在全国各地共同展开宣传。美国的优生学社团努力推广社会教育项目,想让那些"适者"认识到结婚生子的重要性,还赞助举办了"更健康家庭大赛"(Fitter Family contests),参赛家庭的健康和遗传情况都要被评估。后来《1924年移民法案》(Immigration Act of 1924)[1]通过,当时的种族移民政策又得到进一步强化。这项法令有效地把所有来自亚洲的移民都拒之门外,给来自南欧和东欧的移民也带来了巨大的限制。很显然,颁布这项法案的目的是维护美国人的纯正血统——若假设这种纯正性真正存在的话。其中一位拥护者还宣称,多亏这项法案顺利通过,"美国目前的种族人口结构便能永久保持下去"。[4]

哈里·劳克林(Harry Laughlin)是美国优生学会的创始人之一。20世纪20年代,他注意到,尽管许多州已经通过绝育法案,但真正绝育的人却不多。他又起草了一项绝育法案,在他看来,这次的草案更有力,也更具"示范作用";一旦出现当庭对峙的情况,这项草案能确保绝育措施被认定为符合宪法的举措。在劳克林提案的影响之下,又有了更多关于绝育、拘留和限制婚姻的法案,在美国遍地开花。1933年,纳粹德国以此为蓝图,通过了《预

---

[1] 《1924年移民法案》,又称《约翰逊-里德法案》(Johnson-Reed Act)或《国家起源法案》(National Origins Act),以及包括在内的特别条款《排亚法案》(Asian Exclusion Act),是一套为了限制移民数量的美国联邦法案。该法案以1890年人口普查为基础,规定每年来自任何国家的移民只能占1890年时在美生活的该国人数的2%,低于1921年移民限制法案的3%的上限。

防遗传疾病后代法》（Law for the Prevention of Offspring with Hereditary Diseases）。在这项法案的促进之下，残疾人、精神疾病患者、吉卜赛人和非裔德国人开始接受强制绝育。

1927年，堪称美国优生学运动中最臭名昭著的事件发生了。弗吉尼亚州最高法院审理了"巴克诉贝尔"（Buck v. Bell）一案。1924年，弗吉尼亚州曾通过绝育法案，而这个案件则是对法案的莫大挑战。年轻女性凯莉·巴克（Carrie Buck）在遭受强暴后怀孕，因为"道德败坏"的罪名而被关进精神病院，其母艾玛之前也曾被送入精神病院。案件审理过程中，哈里·劳克林作为专家证人出庭作证。法院裁定，绝育法案并未违反美国宪法第十四修正案保证公民权利的正当程序（即保障公民的自由），并认为绝育不应被视作残忍且不符常规的惩罚。优生学的核心观点是有违人道的，霍姆斯法官（Justice Holmes）曾在法院判决书中这样明确表达：

> 如果社会能阻止那些明显"不适应环境的人"繁衍后代，而不是坐等处置其低劣后代犯下的罪行，也不让其后代因智力低下而忍饥挨饿，这对全世界而言都是更好的局面……一家三代低能者已经足够。[5]

根据以上观点，若能禁止"不适应环境的人"生育，对整个世界都更有利。北美各地之所以纷纷通过强制绝育法案，也正是因为这个观点的推动。有一部分家长依赖联邦政府的支持才能养育孩子，他们的青少年子女则可能要接受子宫切除或输精管结扎手术。通常需要默认家庭成员已经同意，当事人才能进行以上手术；若当事人拒绝手术，则可能会让这个家庭失去赖以为生的资助。那些女性在去医院接受其他治疗时才会最终意识到，她们在以前就已经被医生实施麻醉并切除了输卵管。

这些政策针对的不只是残疾人群，还对有色人种中的女性群体造成长期、严重的影响，尤其是原住民印第安人、非裔和墨西哥裔美国人，以及波多黎各女性。哈里特·华盛顿（Harriet Washington）曾在其著作《医疗种族隔离》（*Medical Apartheid*）中有过详细描述，指出非裔美国人在历史上一直是绝育政策的主要受害者。[6] 1937 年，波多黎各通过了一项允许强制绝育的法律，这在当时只是人口控制计划的一部分。这项法律直到 20 世纪 60 年代才被废止，在此之前，约有 160363 名波多黎各女性因此接受了绝育手术，这已占到所有 20 岁至 49 岁的波多黎各女性中约三分之一的比重。她们其中有许多人曾被误导，以为手术是可逆的。尽管在任何关于优生学的讨论中，绝育都是一个极为重要的话题，但调控生育的政策并非只有这一种形式。反异族通婚法也显然是优生学的一种应用，其中的基本理念是：若任由各个种族通婚，美国的白人群体会逐渐衰退。在加拿大，政府会把原住民儿童从其出身家庭送到寄养中心，这也是出于优生学的考量。这么做是为了让原住民儿童融入白人文化，而原住民的传统会在这个过程中被抹去，也理应被抹去。北美和英国在优生学方面的政策也并不算特立独行。这项运动发轫于英国，随后便开始影响世界各国，并留下了许多不可磨灭的印记。

许多法律、政策和教育方针在全球范围内不断涌现，全都让我们看到一个事实；而这是霍尔丹之前把体外人工培育想象成实现优生目标的工具时，就早已清楚认识到的了。在弗朗西斯·高尔顿或哈里·劳克林的鼎盛时期，如果当时人们就有功能完善的人造子宫可供选择，那他们很可能早已将其投入使用，正如霍尔丹设想的那样。如果体外人工培育的技术被别有用心的人加以利用，比如那些想要控制生育人群的当权者或政府，那么体外人工培育的前景实在是令人生畏。

20世纪20年代，霍尔丹自诩为"优生学家中的改革派"。霍尔丹和20世纪10年代许多评论家持不同观点，他反对国家强制实施的优生政策，将其称为"粗糙的美国主义"（crude Americanisms）。有许多英美遗传学家都不认为"阶级""竞争"应被归入生物学概念，后天教育及生活环境也和遗传因素一同塑造着人的性格，霍尔丹便是这群人中的意见领袖。但是，他仍坚持把智力视为一种遗传特征。他认为社会阶层较低的群体"繁殖"得太多，并对这个观点大肆宣扬；他支持采取刺激措施，驱使社会上层的知识分子生育更多后代。这是霍尔丹及其社会主义进步派同仁的主张，和高尔顿在19世纪80年代的观点不谋而合。双方都认为应该保护白人的血统，精英阶层的知识分子就是高人一等。第二次世界大战后，霍尔丹继续宣传自己的观点，即若可以控制并管理那些可遗传的特征，便能提高人口素质。

人造子宫能够作为治疗手段，缓解妊娠期出现的严重健康问题，也可以成为人类妊娠的替代方案，还能给新生儿提供生命支持。基于以上几点，我们也许会盼望这项新技术投入使用。但某些国家或机构却认为某一部分人比其他人更值得拥有生命，并一直由这种信念引导着。如此一来，人造子宫技术的应用可能会带来重大危害。霍尔丹首次提出"体外人工培育"这个概念时，他指出人造子宫与优生学之间存在关联。世界各地已经纷纷通过优生学相关的法律和政策，兴起了控制生育的浪潮。在霍尔丹的想象中，若要贯彻控制生育的原则，这项技术便是终极手段。我们现在距离当时不过一个世纪而已，但人造子宫技术和优生学之间的联系已被打破。如此想来，我们不禁要感到欣慰。但我们现在又究竟取得了多大的进展呢？于霍尔丹而言，人造子宫在基因选择方面具有潜能，这正是该技术的核心效益。在那之后又过了51年，根据书本上的记载，他曾经表达过这样的观点：

> 在总人口中，能经过自然拣选并有幸诞下孩子的男女所占比例并不高。毫无疑问，他们比一般人要更为优秀。每一代人若在任何方面有所进步，都已是极为惊人的成就，有时这体现在一流音乐作品的产出增加，也有时体现在盗窃案件的减少。若没有体外人工培育的技术，我们几乎可以肯定，我们的文明会在未来看得见的某一天分崩离析，因为总人口中那些"质量不高"的群体往往生育率更高，几乎所有国家都是如此。[7]

换种说法就是，人造子宫能让我们确保只有"优等人"

才能存活。"今日与明日"系列图书的其他作者也同样认为，只有让优生学的理念全面成为现实，我们才可能拥有一个更好的未来世界。

安东尼·卢多维奇（Anthony Ludovici）[1]是一位作家，也是贵族阶级的忠实拥趸，也是最早回应霍尔丹的作家。1924年，他出版著作《吕西斯特拉忒[2]，或女性的未来和未来的女性》（*Lysistrata; Or, Woman's Future and the Future Woman*），以此回应霍尔丹。他在种族和性别问题上并不认同霍尔丹的看法，但二人又都持有一个共同观点：若能把优生学"正确"运用起来，就能促进社会进步。不过，究竟怎样才能算是"正确"的运用，二人并未真正达成一致。有人认为女性主义会带来危险，而卢多维奇花了大量篇幅对此展开猛烈抨击。至于究竟谁有资格生育后代，他也赞成人造子宫是判定资格的不错方式。但当他看到自己这一代那些年轻又单身的职业女性，便感觉看到了未来的某种预兆：他担心体外人工培育以后可能根本不会用来发展优生学，而会成为推动公共女性主义议程的工具。

卢多维奇在后文继续描述他的反乌托邦世界。但在我们有些人眼中看来，他形诸笔墨的反而更像是一个乌托邦。纵观之后的世世代代，那些和社会现状斗争到底的女性正是此时这些职业女性的女儿。最终，她们对"体外生育"

---

[1] 安东尼·卢多维奇（1882—1971），英国作家、哲学家和艺术家，以其对文学、哲学和政治的贡献而闻名，与霍尔丹在种族和性别观点上存在分歧。
[2] 吕西斯特拉忒是古希腊剧作家阿里斯托芬同名喜剧的女主角，该剧以幽默的方式讲述伯罗奔尼撒战争期间，吕西斯特拉忒说服了雅典和斯巴达的女性，通过拒绝给她们的丈夫和情人性权利的手段以迫使男人们进行和平谈判的故事。

的渴望会越发强烈，甚至随之要求"科技必须一刻不停地向前发展，直到研发出满足公众需求的技术"。如果有女性想要尝试体外人工培育，而男性却试图强迫她们自己怀孕，最后就会有"女性议会"把这些男性的行为判为违法。在霍尔丹构想的未来世界中，在人造子宫技术的保障之下，只有"最佳基因"才能获准繁衍下去，而这和卢多维奇的描述大相径庭。卢多维奇担心的是，由职业女性组成的政府会带着女性主义视角，若有女性选择体外人工培育，最终是男性和国家政府来为此买单。根据他的预测，人造子宫必定耗资不菲，那就应该会有一些英国自治市镇[1]的议会集中设定特定区域，为"贫困甚至赤贫的人群抚养孩子"。在他眼里，如此浪费资源，简直令人发指。卢多维奇对未来的噩梦设想认为最终会发展成这样的现实：人与人之间最终不再存在性别之分，养育孩子成为集体行为。当然，对于许多女性主义者来说，人造子宫的确会带来这样的前景，而他们对此乐见其成，我们在后续章节中也会讨论这一点。

不过卢多维奇的这番长篇大论仍有亮眼之处：他之所以反对体外人工培育，并不是因为不想以此来发展优生学，而是害怕即便投入使用也无法达到这个目的。他声称，如果我们不想在未来看到一个女强男弱的世界，就应该在他所处的时代开始贯彻优生学理念，这是唯一途径。他建议

---

[1] 英国的自治市镇（Borough status in the United Kingdom）是英格兰、威尔士、北爱尔兰境内获英国枢密院颁发皇家特许状（royal charter）的区（district）级地方政府自治体。在今日，自治市镇地位已是纯粹荣誉的头衔，该市镇议会或市民不会因此而获得额外的权利。

通过基因选择的方式来对人口进行筛选:"那些异于常人的、身体残废的、有缺陷的、身患不治之症或是不受欢迎的人,就不应该允许他们长大成人。他们百无一用,还会带来危险,只会被其他人视为负累,甚至沦为眼中钉肉中刺。"[8]

不论是身患疾病,或是佩戴假牙、眼镜,还是瘸腿,这些人都应被禁止生育,卢多维奇这样公开抨击。他认为,人类必须集体改变价值观,对这些特征不再包容,也避免选择具有以上特征的人作为伴侣。他写道,如果真能这样做,"就都没有必要对优生进行立法了,凭借人们的喜好就可以直接预见未来会如何;但如果我们对于身体的价值观依然如旧,那么优生立法将会是一场恶战"。他认为,通过暴力来消灭差异的社会就宛若一个乌托邦,而支持女性权益、为人民提供儿童保育服务的社会却会引发反对和恐惧。正如朵拉·罗素后来所批判的那样,卢多维奇的观点不仅满含仇恨又令人厌恶,他似乎还相信,但凡是有理智且受过教育的人都应对此赞同。

当今时代还是存在不少像卢多维奇这样的人。一位我在此不透露姓名的医生总会习惯性地给我发邮件,他居住在美国南部,邮件总是长篇大论,字里行间都明显闪烁着"一种对女性主义乌托邦的恐惧,如痴如狂"。他格外喜欢分享他对体外人工培育的看法。他一方面认为这项技术可以确保"最优秀"的群体繁衍后代,是实现目标的绝佳手段;同时也担心有些女性怀着荒唐的目的去使用人造子宫,比如借此逃避妊娠期时的身体负担。我当时已经熬到了孕晚期,腰酸背痛,彻夜难眠,总会感受到一阵阵的恶心、焦虑、潮热和胃灼热,还会喘不上气又全身乏力。我很想写下言辞激烈的长篇邮件来反驳他，在承受了孕期这么多痛苦之后，更有反击的冲动。但是，我到现在都一直抑制着自己。不论是卢多维奇本人，还是现在这些"卢多维奇"，他们都让人感到不安，因为这仿佛是一种不好的预兆：他们是那些超级保守派的缩影，想要利用人造子宫技术来危害社会。但这尚且不是敲得最响的警钟，毕竟体外人工培育以前就和优生学思想有着千丝万缕的联系。朵拉·罗素轻蔑地以"这位作者"来指代卢多维奇，恰到好处地对他偏执狭隘的世界观作出了抨击。如此之后，她便继续写了下去。我也学她那样，直接删除了这位"单向笔友"发来的未读邮件，向我的伴侣发了一通牢骚，然后照常度日。

更加危险也更让人难以理解的是那些社会进步人士提出的理论。我们原本应该会感觉和他们更有共鸣，但他们认为人造子宫能帮我们界定谁有生育权。诺曼·海尔（Norman Haire）既是妇科医生也是性学家。1927 年，他曾为"今日与明日"的系列撰写一本小书，题为《处女膜，或婚姻的未来》（*Hymen, Or the Future of Marriage*）。在性别平等、婚姻和离婚改革、同性恋、性教育等方面，以及围绕人类性关系的道德律法改革等议题上，他的观点和霍尔丹一样具有社会进步性。他在评论中呼吁，所有人都应该享有免费的节育服务和性教育，认为医生应该向病人公开性知识。但随后，海尔话锋一转，从性愉悦转而讨论优生学，他对优生学发表的观点颇为悲观，让人恐惧。他认为，未来国家政府都会越来越多地插手到繁衍后代的事务中，终有一天会利用体外人工培育的技术来制造"优质婴儿"。他接着说，这些未来孩子的数量和质量都会受到严格管控，这和霍尔丹之前的提议如出一辙。孩子们从人造子宫中诞生之后，便由父母和国家共同照顾。海尔还写道，既然已经有了这些公共支持，"在想要生出怎样的孩子以及想有多少孩子的问题上，社会也必须掌握一定的发言权"。[9]

从政治坐标来看，卢多维奇和海尔在很多方面都迥然不同，但他们都认为贵族、白种人、身体没有残疾的人天生就更加优越。其实海尔甚至还为卢多维奇的《吕西斯特拉忒》写了引言，他还指出，二人在绝大多数事情上都存在分歧，但他们都认为"某种形式的优生学能帮社会实现最大效益"。他写道："我们当今社会的'人道主义'很大程度上不过是在浪费金钱和精力去照顾那些根本无法适应环境的人，或是努力让那些本不该出生的人继续活下去。这些时间精力本可以花得更有效益，用来照顾那些适应环境的人。"海尔在自己的书中还谈到，随着我们对遗传学的了解愈深，对于适宜繁衍后代的群体也会有愈加严格的要求。最终，因为有了体外人工培育技术，人们也许能够培育那些"从父母双方都得到了优质遗传基因的胚胎"。他最后得出了一个可怕的结论，恰恰是库尼及其在游乐园的同事都反对的文化，而且二者差不多都出现在同一时期。海尔写道，在体外人工培育技术问世之后，如果那些"不合格"的父母有了后代，或是"有孩子出生时就有天生缺陷，那他们就会在出生时或出生后被杀死，因为缺陷是如此显而易见。"

霍尔丹及其同行一致认为，我们到了 21 世纪就有可能实现体外孕育婴儿，只有少数人不这么想。如果在

1925年，也就是霍尔丹身处的时代，体外人工培育已在技术上成为可能，那他和许多同事应该都会赞成把这项技术用于优生学。那些为"今日与明日"系列撰稿的年轻知识分子所描述的，其实正是我们当今社会的情况。我们如今拥有技术优势，放眼望去便会发现，他们梦寐以求的科学创新已经存在于今日的世界。人造子宫技术即将实现，如若我们真能使用这项技术，应用方式又是否会有所不同呢？

卢多维奇和海尔都想要控制生育，这个观点让人反感。卢多维奇曾对法西斯主义表示理解，还曾直白地表示，那些有钱且受过教育的白人男性本质上就比其他人更优越。不过，他一提到女性担任政治职务的事就显得忧心忡忡，就连那些更为保守的同行都觉得这很好笑。如果说，支持控制生育的只有卢多维奇这样无关紧要的评论家，或是那些给我发匿名邮件的人，那我们可能会由此得出错误的结论，即人造子宫不应投入使用，否则就会延续这些伤害，在现代英国就是如此。至于海尔和卢多维奇，他们认为体外人工培育技术能确保只有"适者"才繁衍后代，而这也恰恰证明，在20世纪20年代的激进左派圈里，优生学理念已被广泛接受。对他们来说，制定政策来决定谁有权利生育是合理的，只要能让合适的人作出决策就行。从很多方面来说，海尔和霍尔丹给后世带来的影响比卢多维奇更为隐秘，也危害更大。

其中的问题并不在于当权者结成的政治同盟，而在于背后的观念：人可以被分类、被划入不同阶级，然后决定哪些人本质上更适合生育，而哪些人则不适合繁衍，再由此决定对生育行为的管控。若有任何个人、国家或机构标榜自己是左派，自认为高瞻远瞩或满怀善意，因而觉得自己的做法应该得到允许，甚至能给社会带来益处，这实在是危险的观念。而且在一定程度上，正是这样的想法导致优生学理念延续至今。这些观点也说明，霍尔丹曾设想的人造子宫未来仍有可能成为现实。要怎样才能防止人们利用体外人工培育的技术来制造伤害？若想要创造一个世界，我们还有多远的路要走，又还要付出多少努力呢？

正当法西斯主义在欧洲肆意为虐时，赫胥黎创作出了《美丽新世界》，具体地描绘出人工孕育发展到极致的未来景象：国家强行控制生育，人类的生命被划分成不同等级，而这项技术正是实现这一切的疯狂手段。赫胥黎描绘的未来可谓一片凄凉，胚胎从受精到出生或"出瓶"（decanting）[1] 都要走一系列复杂的人工流程，整个孕育过程都发生在中伦敦生育与培育中心（Central London Hatchery and Conditioning Centre）[2]。全球有许多个类似的中心，共同协调完成这项工作。妇女如果供应卵子，便可获得一笔丰厚的奖金。根据预先设定的标准，婴儿将会被培养成伽玛、德尔塔或埃普斯隆（社会下层的体力劳动者），或是阿尔法和贝塔（社会上层）等不同等级。那些注定沦为社会下层的胚胎将经过"博卡诺夫斯基流程"处理，进行多次分裂，之后可能会接受或终止培育，这些都只是为

---

[1] 上海译文出版社 2017 年陈超译本把 decanting room 译作"出瓶室"，此处选用该译法。
[2] 此处及下文涉及《美丽新世界》专有名词均采用上海译文出版社 2017 年陈超译本译法，不再一一标识。

了强化他们身上那些所谓符合社会阶层的遗传倾向。

一个崇尚极权主义和优生学理念的社会制度会是什么样子？在纳粹分子开始真枪实弹地推行极端的优生学之前，赫胥黎已经在思考这个问题了。但英国、欧洲大陆和北美的政策、法律和实际操作都给了他不少启发。1935年颁布的《纽伦堡种族法》（Nuremberg Race Laws）为大屠杀埋下了伏笔，此时他这本书已经出版3年。欧洲和北美都颁布了法规，对"低等人"的隔离和强制绝育成为合理合法的事情。《纽伦堡种族法》也是如此，把犹太人、吉卜赛人、性少数群体、黑人、残疾人和混血儿全都归为低等人种。这些法律禁止上述群体和"雅利安"德国人通婚或发生性关系，而且要求人们在结婚之前获取健康证明。美国的法规、英国优生学家的著作及建议都在一定程度上影响了这些措施。1939年，希特勒决定展开T-4行动，授权对"濒死者、精神残疾者、身体残疾者、情绪失控者以及老年人"实施安乐死。从20世纪30年代末到大战结束，共有数百万犹太人、吉卜赛人、辛提人、波兰人、耶和华见证人派信徒[1]、性少数群体、黑人、混血德国人以及残疾人被纳粹分子折磨、监禁甚至杀害。

联合国于1945年成立，最初的目的是为了对未来道路进行规划。联合国想要联合各国起草并签署《世界人权宣言》，希望能借此机会保证各国给予彼此基本的自由和保护，也保障我们所有国家都能享受这些权益。如今已是

---

[1] 耶和华见证人（Jehovah's Witnesses），是一个不认可三位一体的基督教新兴宗教分支，主张千禧年主义与复原主义。耶和华见证人被传统基督宗教视为异端。

2022年,我们在这个时间节点回望过去,难免会感觉到某种程度上的讽刺。联合国成立之后,世界上依然发生了许多暴行,过去那些所谓不可侵犯的权利依然遭到侵犯。加拿大签署了同意书,但还是从第一民族[1]原住民的社区持续带走儿童。虽然美国赞同法律保障了人类的平等权利,却依然实施依照"吉姆·克罗法"(Jim Crow laws)[2]的种族隔离政策。

1948年,联合国大会通过了《世界人权宣言》,这个举动传递出一个乐观的信号。《世界人权宣言》包含30项条款,获得所有签署国的一致同意,而且现在的国际人权法律也依然以此为基础。联合国之所以颁布《世界人权宣言》,是为了写明人类生存的必要权利(例如获取食物、住所和庇护的权利),以及人类需要怎样的公民自由和政治自由才能较好地生活。这份宣言归根结底是由许多理想支撑起来的,包括人人生而平等且应免受酷刑,人人有权成立家庭,获得生命和自由。但优生学家们对这些理念却是鄙夷不屑。

在英国和一些北美国家,都曾出台过一系列优生学的政策和实践,也造成了一定伤害。但是,那些追随霍尔丹的激进分子还是公开支持优生学,并未因此反思自己的观点。直到后来,纳粹分子开始利用优生学之类的学说来扩

---

[1] 第一民族是加拿大境内印第安人及其后代的统称。加拿大联邦成立后,以文化融入、归化为由,设立原住民儿童寄宿学校制度,原住民儿童被从父母身边强制带走送入寄宿学校,他们在学校时常遭受身体和心理上的残酷虐待,很多人因此死亡。

[2] 吉姆·克罗法:1876年至1965年间美国南部各州以及边境各州对有色人种(主要针对非洲裔美国人,但同时也包含其他族群)实行种族隔离制度的法律。

大势力，这群人才开始反躬自省。然而，即便他们已经再次斟酌自己对于生育控制所选择的术语，反思之前对这个话题展开的公共讨论，也并不意味着他们想要否认自己在大战之前的观点。美国优生学家和纳粹分子曾大肆鼓吹"北欧种族"的优越性，赫胥黎曾对这样的至上主义宣传加以批驳。但残障学研究学者乔安妮·沃克（Joanne Woiak）认为，对赫胥黎来说，"优生学并不意味着噩梦般的未来，如果能被掌握在正确的人手中，如果使用方式恰当，那优生学恰恰能给人类带来最明亮的曙光，以此来构建一个更美好的世界"。[10] 赫胥黎也清楚看到，法西斯控制生育造成了不少危害。但是，他仍未完全否认，如果做决策的是像他朋友那样懂科学的知识分子，那么控制生育也可能颇有裨益。20 世纪 20 年代以来，自由派撰稿人在讨论生育控制时的表述方式也已有所改变。如果在当下的主流话语圈中出现一些冷酷无情的言论，比如支持结扎手术，或是只允许富有的高知家庭生育小孩，那就会引发恐慌。但仍有一个观点并未过时：如果国家干预某些人的生育决策，也许对个人或社会而言都更有好处。

在我 2019 年参加的一次会议上，有一位法律学者在探讨这样一个问题：在什么情况下可以在法庭上提出，使用人造子宫才符合儿童的最大利益？简而言之，"符合儿童的最大利益"在法律上是一条指导原则，要求法院对儿童的利益予以优先考虑。以离婚案件为例，法官在安排孩子的监护情况时，最终得考虑怎样安排对孩子而言才是最好的。如果法官能够确定，允许或阻止某个行为才符合儿童最大利益,那么这条原则一般都会压倒其他任何论点。

这位发言人在会议上提出的论点是,人们可能很难接受人造子宫,但根据她的设想,在某些情况下使用人造子宫是合理的,而且这些情境都经得起法律上的审查。如果孕育者出现并发症,而继续怀孕会导致自身疾病恶化,或导致婴儿陷入危险,她认为人造子宫也许是更好的替代选项,哪怕其中的风险和益处尚不明确。如果妇女在孕期诊断出癌症,需要接受治疗,但是疗法又会危害婴儿成长,又该怎么办?这时把婴儿放到人造子宫里继续生长,也许才是对孩子最好的选择。她还进一步提出,如果孕育者曾经吸毒或饮酒,也可以类推出同样的做法。以上情况都可以证明,与其让孩子在孕育者体内一直等到出生,孩子在人造子宫中成长反而"更安全",更符合孩子的最大利益。在许多现代文献中,已有许多人提出过对人造子宫的看法,认为对胎儿而言,体外人工培育在某些情况下也许比在母亲体内更"安全"。那些自由派的撰稿人和卢多维奇一派都曾提出这个观点。

2022年,一项来自中国的研究成果登上了新闻头条。科学家通过这个项目研发出了一个机器人"保姆",可以监测胚胎在人造子宫内如何发育成胎儿。目前这个项目还只停留在动物试验的层面,但研究人员将其描述为"创造婴儿"的优化方案。研究人员认为,相比于人体子宫,机器人"保姆"为婴儿提供的生长环境可能比人类子宫"更加安全",所以称之为"优化方案"。他们的言外之意是,孕育者的行为、饮食习惯或者各种活动都有可能危害到胎儿,至少有部分人的情况是如此,所以用机器来监测孕育进程反而更合适。

在理查德·戈斯登（Richard Gosden）博士 2000 年出版的著作中，他思考着这个问题：既然人类子宫在药物和毒素面前就像是一个"漏勺"，那么人造子宫也许能保证胎儿的"安全"。2006 年，有一本以体外人工培育为主题的文集出版，生物伦理学家斯科特·盖尔范德（Scott Gelfand）和格雷戈里·彭斯（Gregory Pence）在书中分别表示，如果母亲吸毒或饮酒，人造子宫技术能"保护"胚胎免受母体影响。彭斯提出："若胎儿能在持续稳定、无毒可控的环境中成长，就可以避免母亲吸毒的相关风险。"[11] 盖尔范德则认为，体外人工培育不仅可以抵挡来自酒精的危害，还能保护胎儿不受二手烟和孕育者不良饮食习惯的牵累。[12]

克里斯托弗·卡乔尔（Christopher Kaczor）是一位保守派的生物伦理学家。他曾写下一段让人感觉有点不寒而栗的话："也许某天，覆盖部分妊娠阶段的体外人工培育会比普通的人类妊娠风险更小，毕竟人造子宫想来也不会出车祸，不会滑倒，更不会遭遇袭击。"[13] 有人认为，与其花费不少资源来保护孕育者免受袭击，还不如干脆把胎儿从母体中取出，再放到"更安全"的环境中生长，这个方法可能更好。这个说法让人深感不安。这些论点都认为胎儿可以被称为人，和已出生的孩子拥有同样的权利。这些学者给出这些论证时，其实是在削减孕育者的权利。他们的言下之意是，孕育者和婴儿保育箱没什么区别，不过是应被优化的"生育环境"而已。过去人们把人造子宫视为实现优生学的手段，而以上的每一条论述也都是在延续这个观点。海尔在描述他的未来愿景时，曾经这样公开写道，如果一位女性"不适合母亲的角色"，"也许应该出于对她的自身利益考虑，让她暂时或者永久地放弃成为人母的机会"。在当时人们的想象中，人造子宫比人类子宫"更安全"，但尚未有人直接使用"不适合母亲的角色"来形容女性。但这个词组的潜台词其实不言而喻：有些女性就是不适合怀胎，所以应该或暂时或永久地避孕。

再想想其他言外之意吧。若想要通过体外人工培育的方式来孕育婴儿，那就需要有人把尚未发育的胚胎捐赠出来；如果妊娠已经在孕育者体内开始，那应该就要经过类似剖腹产的手术才能取出胎儿。在什么情况下才会如此？那些吸毒、饮酒、饮食"存在问题"、抽烟或是遭受虐待的女性，又是否会轻易地认同上述观点，认为"人造子宫替自己怀孕，会对每个人都更好"？她们会自愿接受"取出胎儿"的手术吗？又或者说，她们会被迫接受这样的方式吗？让我们暂且假设，如果某个人的孕育过程被认定为不安全，这时要用人造子宫来代替人类孕育的话，整个过程都会经过严格管控，并以此确保孕育者转移胎儿是出于自愿，而非被迫。即使能做到这一步，也不过是换了种方法延伸海尔以及其他"今日与明日"系列丛书撰稿人的错误逻辑。海尔认为，贫穷、教育水平低、酗酒都是基因的问题，而没有归咎于社会的不公。因此，他提出的解决方案也偏离了正确方向：他认为如果有些女性存在这些问题，就应该阻止她们生育。那些同时代的评论员也犯了同样的错误，认为人造子宫可以解决妇女在孕期饮酒和吸毒的问题。他们的固有观念是把孕育者视为嫌疑人,而不是身陷困境的人类。因此他们得出了误导性的结论,认为问题关键在于孕育者的身体状况,而不是因为社会无法提供充分的支持和资源。其实,在上文那些认为体外人工培育比人类子宫"更安全"的论述中,还有一个没被挑明的问题:哪些孕期的行为是"有风险的",究竟又是谁说了算呢?

如果有人提议说,应该用人造子宫来取代人类孕育,才能确保只有那些被认定为"优越"的群体会繁衍后代。大多数人应该都会觉得这样的说法无法接受。但如果有人建议,如果孕育者吸烟、饮酒或者饮食习惯"不好",那就应该给其提供人造子宫作为孕育胎儿的替代方案,许多人则可能会认为这条建议并无不妥。你可能会认为,我的研究性质已经让我在怀孕过程中就作好心理准备,要去面对周围环境中的各种看法。但是,当我的孕期行为真的被许多人指指点点时,我还是被打击得近乎崩溃。那些人理所应当地讨论着我该吃什么,又该有什么忌口,我究竟应该减肥还是增重,我在孕期跑步究竟好不好。这所有的言论都不是基于我个人的利益出发的。人们跟我分享这些的时候,只是因为他们认为有权对我孕期的身体发表意见。与此同时,他们其实又并不怎么了解哪些事情可能危害婴儿。我去注射新冠疫苗加强针时,医生给我做了全身检查,说我未来几天可能会发烧,但不建议我吃扑热息痛,因为那会"对宝宝不好"。我说,如果真的发烧了,我还是会服药治疗。医生叹了口气,说:"确实,发烧也对宝宝不好。"只要你处于怀孕状态,那你做的任何事似乎都可能会伤害到你的宝宝。

每个国家都有专为孕育者制定的指南,但各地给出的建议差别很大。在加拿大,女性应在孕期完全戒酒,不能吃某些类型的奶酪,不能吃生食,饮用草药茶也要慎重。产科医生跟我说一天最多喝一杯咖啡,但助产士却说两杯也没关系;产科医生强调说,保持合适的体重对宝宝的健康很重要,但助产士却说无需过度关注体重。加拿大的国民医疗服务体系(National Health Servie)有 Start4Life[1]项目,他们提供的孕期指南和助产士的言论有许多不同。你在指南中会找到特别居高临下的建议,告诉你如何合理饮食,也会读到这种语气欢快的标语:"你的饮食是为了自己一个人,而不是为了你和宝宝两个人。"在印度,人们认为孕早期的女性不应吃微波炉或烤箱加热的食品。在法国,人们认为适量饮酒(例如一天一杯)不至于带来危害。在美国,在孕期吃寿司是有风险的;但若是在日本,寿司则被视作孕育者健康饮食的组成部分。如果你在谷歌上搜索任意一种物质或设备,只要在后面加上"孕期"这个关键词,你就会看到一连串的评论,怎样使用会伤害胎儿,缺失了什么又会对胎儿有害。换而言之,这些界定孕期安全的准则都各不相同,又总是在变化。这些准则背后是各自的文化特质,这取决于每个人身处的具体环境。有的地方习惯于采取过量的医疗手段,有些文化环境则是习惯以人为本。根据有些生物伦理学家的逻辑,为了不让孕

---

[1] 全称"Better Health-Start for Life",旨在为父母提供母乳喂养、育儿、沟通等方面的帮助和建议。

妇那些"不安全"的行为危害胎儿，我们应该使用人造子宫，但我们又该如何给这些行为划定界限？谁又有权来划定呢？

孕育者在孕早期是否饮酒，确实和流产概率以及更高的早产风险呈现出相关性，但并没有明确的因果关系。孕期大量饮酒可能导致胎儿患有胎儿酒精谱系障碍（FASD）和胎儿酒精综合征（FAS）[1]，二者对患儿和照护者来说都有毁灭性的后果。目前还没有明确的证据表明，孕期适度的饮酒会造成持久性伤害，但许多孕育者还是会选择整个孕期都滴酒不沾。不过，为孕育者及其宝宝提供健康方面的建议还是和制定医疗或法律指南有所不同。有了法律指南，就可能会有人来剥夺孕育者对自己身体的自主权，也可能左右她们作出的决定。

在生物伦理学家之间有这样一种舆论风向，即把人造子宫视作"可控的环境"，胎儿在其中就不会被孕育者的不良习惯所影响。这个说法其实不过是既往长期模式的老调重弹而已。如果妇女本来就不想怀孕，就有权采取各种避孕措施来预防意外怀孕，包括输卵管结扎手术和输精管切除术等；如果意外怀孕，她们也有权选择堕胎来终止妊娠。正是这些重要因素构成了生育自由。如果我们生活在一个理想化的世界，应该可以为女性提供资源和工具，确保她们可以自主决定是否怀孕，选择何时开始或结束妊娠，

---

[1] 胎儿酒精综合征是孕育者在妊娠期间酗酒对胎儿所造成的永久出生缺陷，程度会受孕育者喝酒的分量、频率及时间所影响。酒精会进入胎盘，并阻碍胎儿的成长及体重，造成独特的脸部小斑，破坏神经元及脑部结构，并引起体质、心智或行为等问题。

并选出最适合自己的避孕措施。试想一下，一种情况是我们可以自行决定是否开始妊娠、是否继续妊娠，另一种情况是由他人来评判我们是否会对自己的胎儿造成伤害，二者可谓天壤之别。如果有国家或机构代替孕育者来作出终止妊娠的决定，认为她们不适合孕育自己的孩子，那这就是在推行优生学理念。如果法官可以根据孕育者的行为（如饮酒、吸毒、将要接受癌症治疗、处于虐待关系之中）来裁决，决定是否把胎儿从子宫中取出，并声称孩子的最大利益才是最重要的考量，那就不仅是对优生学的践行，还是对女性权益的践踏。孕育者在面临这样的裁决时，又怎么可能还认为自己有选择权呢？

其实，现在的评论员把这种推测看成了一种思维实验。他们并不是想争论这项技术*理应*如何使用，而只是提议这项技术*可以*怎样使用。在 20 世纪 20 年代，那些评论员也是如此。但这些假设出来的情景也都居心不良。在我们幻想出的那个已有人造子宫的未来世界，人们会认为孕育者自己就是腹中孩子的潜在"危险"，但其实在当今世界也不乏这样的看法。这种"如果……会怎么样呢"的假设并不是人畜无害的，也不是只局限于哲学范畴而已。哪些人应该被允许怀孕？哪些人应该被赋予自主权，去决定如何对待自己身体、要不要生育、如何规划孩子的未来？人们一直拿这些问题背后的价值判断来证明，强制绝育、把孩子从父母身边带走都存在合理之处，我们都很清楚这些。但是，这些理念对于所有孕育者的情况并不能一概而论。

直到今天，非裔或原住民妇女、跨性别者和残障人士仍面临着来自国家和机构强迫其接受绝育手术或采取避孕手段的压力。人权保护面临着刻不容缓的挑战，其中之一就是各国都必须把保护人权的原则化为实际行动，而非只是纸上谈兵。加拿大和美国的绝育法规一直到20世纪70年代都保持不变。根据加拿大阿尔伯塔省的《性绝育法案》（Sexual Sterilization Act）[1]，工作人员在获得优生委员会的绝育令后就可以对他人实施强制绝育手术，这项法案直到1972年才被废除。随后，不列颠哥伦比亚省也在1973年废除了这项法案。在"E夫人诉伊芙案"[2]中，一位母亲要求法院授权她让已成年的残疾女儿去做强制绝育手术，但爱德华王子岛的最高法院等到1986年才给出正式裁决，反对非自愿的绝育。在美国南卡罗来纳州，《性绝育法案》虽然并不常用，但也一直存续到1986年。在西弗吉尼亚州，这项法案直至2013年才废除。在"巴克诉贝尔"案中，最高法院的法官最终在判决书中所写的"一家三代低能者已经足够"这一表述，可谓臭名远扬，但这个判决之后并未被推翻。

20世纪70年代接连发生数起备受瞩目的案件后，人们制定措施的步伐明显加快，比如提供关于绝育手术的准确信息，确保不以诸如"可能再也见不到自己的孩子"之

---

[1] 1928年通过的《性绝育法案》一直得到政府的大力贯彻，直到1972年被废止才结束。法案规定，须成立一个四人组成的优生委员会，该委员会被授权批准对居住于特定国家机构中——通常包括精神病院等——的人群实施绝育。
[2] "E夫人诉伊芙案"，即E (Mrs.) v. Eve，伊芙是一名居住在爱德华王子岛的24岁女性，有精神障碍，很难与他人沟通。她的母亲希望法院批准对女儿进行绝育手术（子宫切除术），因为有大量证据表明伊芙不适合做母亲，而她的母亲担心的是，如果伊芙怀孕的话，最终会由自己来照顾伊芙的孩子。

类的威胁等来胁迫人们接受绝育手术。但是，强制绝育的案例仍然数不胜数。根据历史学家简·劳伦斯（Jane Lawrence）的报告，1970年至1976年间，在15岁至45岁的美国原住民妇女群体之中，已经接受绝育手术的人数估计在25%至50%之间。联合国和世界卫生组织在《世界人权宣言》签署以来曾多次重申，在不完全知情自愿的情况下进行绝育手术是侵犯人权的。同样地，欧洲人权法院也坚决反对这种行为。2017年，该法院申明，如果在人们尚未接受性别确认手术[1]时就做绝育手术，那就属于胁迫，而且是对隐私权的严重侵犯。尽管这条法规涉及的案件发生在法国，但这个裁决方式也同样适用于有着类似法律系统的22个成员国。2019年，美洲人权委员会呼吁加拿大和秘鲁"立法并制定政策，把给妇女强制绝育的行为定为刑事犯罪，全面终结强制绝育"，同时还要更全面地定义"同意"，公开透明地调查并报告原住民的绝育情况，把强制绝育的历史知识加入医护人员的培训内容之中。

在美国联邦监狱中，曾发生过女囚犯输卵管被结扎的事件。囚犯不论男女，都能以绝育手术或服用长效避孕药作为交换条件来获得减刑。这类事件现在仍然时有发生。2020年，有内部人士举报，称美国移民和海关执法局的拘留所里，常有被拘留的妇女做了切除子宫的手术。在加拿大，大量第一民族原住民的儿童从自己的家中被带走，然后被安置在收容所里，或是等待收养。这种现象直到

---

[1] 性别确认手术指一系列医疗手术程序，旨在帮助跨性别者的身体外观或生理特征与其内心的性别认同相匹配。这种手术也被称为性别重置手术或变性手术。

20世纪90年代依然存在。政府实施"60年代掏空"[1]政策期间,省级机构以《印第安人法》(Indian Act)为依据,带走了数千名儿童送给白人家庭收养。政府打着幌子,宣称是为儿童谋求最大福利,实际上做出的却是这般赤裸裸的种族主义的行径。人们对这些事件依然记忆犹新。

加拿大的原住民妇女近几年依然在医院里接受强制绝育,近至2018年也是如此。艾丽莎·隆巴德(Alisa Lombard)是一名律师,在萨斯喀彻温省代理着数百名诉讼当事人。她曾表示,她的当事人曾经身处无法给予知情同意的情况之下,被迫接受输卵管结扎之类的手术。她还举例说,有的产妇在刚分娩完就被问及是否同意绝育,当时社工正抱着她们刚诞下的新生儿朝门外走去。根据许多种族偏见,原住民妇女怀孕期间可能出现"危险"行为,她们也因此不配成为母亲。正是因为她们被塑造成如此形象,才引出以上种种暴行。

未来运用体外人工培育的方式可能会带来危害,而现在上演的各种实践对此又提供了哪些信息?从科学发展的角度来说,在霍尔丹首创"人造子宫"这个词汇后,我们已在这个领域有了长足的进步。早在我们制造出完备的空气保育箱之前,赫胥黎就曾想象出婴儿在液体环境中悬浮的场景。在EXTEND平台的半透明空间里,23周的早产

---

[1] "60年代掏空"是加拿大政府为强制同化原住民,在20世纪50年代至90年代,长达40年的时间里实施的一项政策。它允许儿童福利机构在未经原住民同意的情况下,把几乎所有的原住民幼儿(包括新生儿)强行从他们的母亲身边带走,然后再交给欧洲裔白人的家庭抚养。当地原住民遭受巨大痛苦和损失,在各方面就像被掏空一样,因此被称为"60年代掏空"。

儿被浸泡在精心调配的人造羊水之中，这样的场景一定会让霍尔丹和赫胥黎深深着迷。他们甚至可能开始兴奋地设想，人类的科技还能发展到何种地步。对那些曾经奋而反对优生学的几代人来说，试想1923年以来风向依然没有丝毫改变，他们难免心中不平。但假设真有一批具有实用功能的人造子宫被制造出来，然后又被美国的立法者或英国的政府顾问牢牢掌握，它们是否会被用来剥夺孕育者自身的掌控权呢？我们能确保不出现这样的情况吗？

根据当代评论家的建议，如果孕育者沾染了毒品或酒精，那就可以把人造子宫作为"妊娠的替代选项"。克莱尔·墨菲（Clare Murphy）是英国妊娠咨询服务的执行主任[14]，她听到这条建议时，并未表露出一丝惊讶。她告诉我，如果建立一个系统来观察并检查孕育者用药情况，可能会出现问题，而她所在的组织近年来一直努力帮人们理解这背后的原因。在现在的英国，如果有哪个组织公开表示想应用体外人工培育的技术，以此确保只有"最优秀的人"才能繁衍后代，此举必定遭到抗议。但墨菲还指出，如果孕期的某些行为已被公共定义为"有害行为"，那么人们往往都会心甘情愿地牺牲个体自主权，来避免这类行为出现。

英国国家健康与临床卓越研究所（NICE）[1]为国民医疗服务体系（NHS）[2]制定指南和政策。NICE在2020

---

[1] 英国国家健康与临床卓越研究所（National Institute for Health and Care Excellence）隶属于英国卫生与社会福利部（Department of Health and Social Care），为英格兰和威尔士提供服务。
[2] 国民医疗服务体系（National Health Service），是大不列颠及爱尔兰联合王国构成国中英格兰的公费医保系统，全球最大的单一保险人制度医疗体系。这一体系主要由英国政府资助，并隶属于英国卫生与社会福利部的行政管辖。

年提出建议，医生应该询问孕育者在整个孕期摄入了多少酒精饮料，甚至也要了解其在意识到怀孕之前的情况。NICE还进一步建议，包括助产士在内的医护人员都应把这些信息记入孕育者及其子女的健康记录，不管有没有取得同意都要这么做。据说，这项提议的本意是保护新生儿免受胎儿酒精谱系障碍（FASD）的伤害，但同时也导致所有孕育者无法保护自己的隐私。其实，甚至连孕育者在孕期饮酒引发FASD的情况都非常少见。墨菲指出，大部分人在孕期要么干脆戒酒，要么只是偶尔喝一杯葡萄酒或啤酒，因为没有证据证明这会对腹中胎儿造成伤害。更重要的是，就算真的有人在孕期大量饮酒，暗中观察并记录其行为也于事无补，相应的解决办法应该是为其提供护理服务，而且是以孕育者为中心的照护。墨菲认为，监控孕育者的做法"侵蚀了孕妇和医护人员之间的信任"，也让医护人员更难与其沟通风险究竟有多高，以及如何降低风险；所以这样的监控行为可能带来不堪设想的后果。

这项政策加深了这样一种观念：孕育者也有好坏之分；如果你在怀孕时没有通过实际行动让自身的子宫环境达到最佳状态，那你就不该自由掌控自己具有生殖功能的身体。墨菲审慎地说，我们不难看到，人造子宫技术本该给孕育者提供支持和帮助，但反而可能在未经授权的情况下用来进一步削弱其自主权。

如果对孕育者的监控走向极端,可能导致怎样的后果？美国的案例就把这一点展现得淋漓尽致。1973年至2005年间，有约400名孕育者因涉嫌对胎儿产生伤害而被拘留，其中大部分是非裔或拉丁裔妇女、美国原住民妇女和社会经济状况位于底层的白人妇女。这些被指控的人绝大多数都收入不高，依赖政府医疗补贴为生。这些案件中，许多人是被医护人员报告给警方的，这种情况往往发生在孕育者向医生透露自己曾经滥用毒品之后，或是接受尿检之后。她们以为尿检不过是人人要做的常规检查，但其实这是为了暗中搜集孕育者吸毒或饮酒的证据。基于这些法规，许多妇女因孕期吸毒而受到指控，但是美国大约有三分之二的戒毒所都拒绝接收孕妇。即便是在那些愿意接收的戒毒所，孕妇往往也会被移交给警方。如果我们的最终目标真的是保护新生儿，那么拒不为孩子的母亲提供治疗，并且让她们陷入巨大的压力之中，这显然无法有效地保护尚未出生的孩子。

为了监控孕育者做了些什么，有一系列法律、政策和医疗指南出台，而其实施过程则始终带有种族和阶级的偏见。在美国有些州的现行法规中，如果孕育者沾染了毒品或酒精，是可以被依法拘留的。以威斯康星州的一项法规为例，如果有人明明知道自己已经怀孕，却还是在酒精饮料或者受管制药物[1]上"长期缺乏自控力"，那么州政府就可以对其进行拘留。许多这类法规在最开始之所以能通过，是因为政府想要防止儿童接触危险物质。但是，这些法规很快也被用来指控孕育者，因为其做出了不利于"未出生的孩子"的事。还有一些情况是，有些女性并不是出于毒品或酒精的相关问题才被拘留，而是因为其他不负责

---

[1] 受管制药物（Controlled substance）指的是那些在生产、拥有或是使用方面均受到政府管制的药物，或是化学物质，例如依法公布的禁药，或是处方药。

任的行为，比如未完成产前体检。[15]因为这些法律而被定罪的人中绝大多数是低收入的非裔和拉丁裔妇女、美国原住民妇女。想象一下，如果真的发明出了人造子宫，她们甚至可能在婴儿出生之前就失去了作为母亲的监护权。如果州政府已经认定这些孕育者有问题，那她们的婴儿只会得到一样的待遇；若如此延续下去，我们可以预想到未来会如何。谁有资格把孕育者的行为定义为"很危险"，甚至无法自己孕育孩子，到了必须使用人造子宫来继续妊娠的地步呢？这样的决定要哪个人或哪个机构来做才能让人放心？那些边缘化的群体总会沦为现行法律政策的靶子，这些调控手段也注定会如此运转。

如果伦理学家、律师和政策制定者游说成功，在孕育者沾染了毒品或酒精的情况下提供人造子宫，从美国的先例来看，又会发生什么呢？我们可以参考北达科他州一位原住民妇女的案例。她导致胎儿接触到毒素，因而遭到逮捕拘留。随后她在等待审判期间堕胎，州政府便认为案件和最初的指控不再相关，决定撤案。假设真的已有人造子宫，那么孕育者在这种情况下就会被告知，只要她同意把胎儿转移到人造子宫之中，指控就会被撤销。这个案例告诉我们，如果在美国使用人造子宫，不一定会导致胎儿被强行从母体内取出，而是很可能会出现这个案件中的情况：孕育者因为有了人造子宫而"主动选择"结束妊娠，因为她面临实实在在的刑事指控，若不这样做就会受到法律制裁。在这样的情况下当然需要征得孕育者的同意，但如果她必须在刑事定罪和取出胎儿之间作出抉择，这个情境依然带有强制性。根据我们已经看到的先例，这种强制情况在美国不会受到法律约束，因为这不但不涉及胁迫性的身体手术，还能维护各州禁止孕期吸毒的相关规定。

在赫胥黎笔下的"世界国"里，法律强制要求人们使用人造子宫。在今天的英国，引入任何强制使用人造子宫技术的监管框架的行为都会让人难以置信，这是和美国截然不同的情况。英国曾有过很有说服力的先例，法律为孕育者提供有力的保护，让其不致因为自身行为对胎儿的影响而被定罪。最近有一起这个类型的诉讼案，有妇女因为孕期饮酒而被起诉，法院给出明确的裁决：依照英国的法律规定，胎儿还不能被认定为法律意义上的人类个体。这是 2014 年发生的事。以此类推，不论妇女的孕期行为是否可能伤害胎儿，她们都不能被指控。虽然美国有些地区可能会同意强制女性使用人造子宫，但若是在英国，这类做法很可能会被禁止。但是，对生育的控制还有其他手段，不是法律上禁止就可以高枕无忧的。

英国于 2017 年开始实施"二孩限制"政策，这意味着统一福利的申请人如果有了第三个或更多孩子，不会再额外获得任何福利资助。但如果福利金申请人是因为多胎生育才有了三个或以上的孩子，又或是因为被强奸、被虐待或被控制才生下第三个甚至更多孩子，那就属于这项规定划出的特殊情况。虽然这不是在向女性施压，好让她们在孕期以特定方式行事来规避风险，但是这依然传达出这样的信息：哪些人能被称作"好"母亲，哪些人不能。福利金申请人不能自主选择何时生育，以及生育孩子的数量，这便是这项福利限制之下形成的例外情况，但那些收入稳定的人却可以轻松地作出选择。霍尔丹及其同事曾想要阻止工人阶级生育，他们在那时的发言非常刺耳。这个政策中的一项声明则与其有异曲同工之处，即明确要求女性"十分慎重地考虑自己是否养得起更多孩子"。

这种认为某些女性群体对胎儿造成了特殊"风险"的说法也对英国一家名为 Pause 的机构有影响。这是一家慈善机构，总部位于英格兰，一直由英国教育部资助。迄今为止，Pause 已经和英国各地的 38 处地方政府合作，一共建立了 28 家诊所。这个机构的主要扶助对象是那些面临多重挑战的女性，比如那些曾有过犯罪记录或是无家可归的女性。这个机构的资助计划以 18 个月为周期，如果参与者同意在这期间都进行避孕，就能获得为自己量身定制的资助方案。Pause 采用自愿遵守的模式，受助者同意使用长效避孕法（LARC）[1] 以换取资助，获得康复并重返社会的机会。但是，这类针对女性且量大面广的资助方案在社会上并不多见。许多女性面临着家庭暴力、无家可归、吸毒和酗酒等问题，Pause 项目的许多受助者也是如此。所以，虽说这些女性是自愿选择了长效避孕措施，但其实在这种情况下，摆在她们面前的选项相当有限。正如有些人批评时所说，在可供女性选择的资助方案中，并没有其他无需避孕的选项，所以这种做法会引发人们的深切担忧，认为繁衍后代的权利和自由可能遭到了侵犯。

这个资助项目让我们回想起其他案例，人们若想要获得福利资助，就必须以绝育或同意使用长效避孕药作为交

---

[1] 全称是长效可逆避孕法（Long Acting Reversible Contraceptive），又称皮下埋植剂避孕法。皮下埋植剂是一根和火柴棒体积类似的弹性塑料棒，放置在上臂皮肤下。埋植剂会持续释放低剂量的孕激素，孕激素会使排卵暂停，从而防止怀孕。

换条件。这在20世纪20年代之后的美国尤其典型。特定人群能获得的资助类型本就不多，而Pause则要求这些人放弃自己具有生育能力的身体的控制权。这其实是强化了一种旧日的等级制度：以前那些手握资源的富人和中产阶级可以选择任何形式的避孕措施，同时也不会错过那些促进自身福利的资源；但那些本身就资源有限的人只有被迫放弃自主权才能获得资助。其实，如果他们身处一个公正的社会，这些资助本就应该无条件地提供给大家。20世纪20年代，海尔为"今日与明日"丛书撰手稿时曾提出："如果父母中有人是不健康的，也许有必要设立规定，让他们暂时或永远都不要生育，这是为了那些未出生的孩子着想。"两相对比，这种以避孕来换取资助的做法和海尔提出的建议大同小异。国家可以作出公平的判断，认为有些孩子根本就不应来到这个世界，这才符合某些父母的"最大利益"。这个想法暗含危害，却直到今天还是挥之不去。

有些人过度关注胎儿的安全和孕育者的行为，其实并不是为了保护孩子。如果那些倡导把人类子宫视为"可控环境"的人是真心想要保护孩子，那就应该反对政府把移民入境的儿童和父母隔离。他们应该也不会同意让孕妇和新生儿母亲陷入牢狱之灾。现实恰恰相反，他们选择了一条带有意识形态色彩的路径。他们把孕育者的身体视为公共财产，想要通过控制生育来对特定性别和种族的群体加以控制。虽然那些国家主导的控制生育项目已经换上新的方法，但国家政府似乎仍对那些不负责任的孕期行为感到忧虑，也担心父母是否能够"适应环境"，这其实反映出优生学中延续至今的种族主义传统。我们可能会在孕期应用人造子宫技术，而且认为某些特定人群会对未来的孩子造成"危害"——仅仅只是想象这样的场景，就已失去了中立的立场。而我们都知道，这样的构想其实由来已久。

21世纪20年代的当代评论家纷纷推测，也许我们能用人造子宫来保护那些因母亲的行为而陷入"风险"的胎儿，而且能为此找到一种可以被广泛接受的方法。他们是基于什么因素才这样认为呢？只要人们还是认为，优生学只是保守或独裁的政府才会选择的方案，而不是那些想要调和政治分歧的政府和机构的做法，那优生学对后世的影响就会一直持续。2000年后有这样的说法，相比某些孕育者的身体，体外人工培育技术可能对胎儿来说"更安全"，但人们往往并未把这种说法归为优生学。在我们生活的社会里，许多人都认为优生学思想已经从社会主流思潮中淡出，所以进行这样的思想实验也不会遇到太多阻力。但我们只需先看看英国政府如何默许新冠疫情造成不必要死亡，就能明白20世纪10年代和20年代流行的等级制度依然经久不衰。尤其值得一提的是，在那些民粹主义领导人所在的司法管辖区，普遍没有针对易感人群采取保护措施，在英国、美国（在前几波病毒感染的浪潮中）和巴西等国家都是如此。但哪怕是在加拿大这种自由派当权的国家，这样的言论也在社会上广为流传：那些逝者有的年事已高，有的免疫功能低下，还有一些本来就有潜在的健康问题。这其实是在暗示，他们本就是无足轻重的存在。后来，政府逐渐放松了对病毒的管控措施，许多政治领导人和媒体都渲染着这样一个观点："只有"那些本就易感的群体才会感染病毒，所以现在是该"与新冠病毒共存"了。

不论是卢多维奇，还是那些保守的生物伦理学家和科研人员，他们的一贯做法就是把人的生命价值分出高低，也在繁衍者中划出"优良"和"低劣"之分。不仅如此，那些20世纪20年代争取生育权和性别平等的左派人士，以及当代的自由派机构、国家和社会活动家也是这样做。在海尔、霍尔丹以及赫胥黎生活的那个时代，还有两位女士既投身于推动性别平等的进步运动，也参与优生学运动。她们分别是20世纪20年代英美两国的女权运动领袖：玛丽·斯特普（Marie Stopes）[1]和玛格丽特·桑格（Margaret Sanger）[2]。1921年，斯特普在伦敦开设了第一家避孕节育诊所，顶着来自教会和许多医学界人士的反对声浪，向妇女提供避孕指导和物资。但是，对于那些她认为"已经腐朽得无可救药且来自不健全种族"[16]的人，她也呼吁对其实施绝育，而且反对异族通婚。桑格则在美国创办了美国计划生育联盟（Planned Parenthood Federation），宣传的理念是女性应该对自己具有生育功能的身体拥有自主权。但另一方面，她也支持"巴克诉贝尔"案件的判决。

2020年，"玛丽·斯特普国际组织"（Marie Stopes International）[3]正式更名，在组织名中加上了"生育选择"

---

[1] 玛丽·斯特普（1880—1958），20世纪最负盛名的计划生育和女性权益倡导先驱，于1921年在伦敦开设了全球第一家避孕节育诊所，提倡女性走出家庭、参与社会活动。
[2] 玛格丽特·桑格（1879—1966），美国控制生育运动领导人，美国计划生育联盟的创办人，曾到中国宣传生育控制。
[3] 1976年，玛丽·斯特普国际组织在伦敦正式注册成立，至今在37个发展中国家开展工作，通过诊所服务、流动外展、社会加盟、社会营销、社区推广等服务模式，每年为上千万的贫困和脆弱人群提供妇幼保健、计划生育、性病艾滋病预防等生殖健康服务。2020年，其英文名改为MSI Reproductive Choices。

的字眼（MSI Reproductive Choices），并发表公开评论说，该组织的目标已经和斯特普当年的价值观不再一致。美国计划生育联盟也在同一年发表声明，否认了桑格的优生学立场，认为她的说法从本质上来说带有种族歧视色彩，而且歧视残障人士。美国计划生育联盟也在这时揭露了一些反堕胎组织的言论，他们对桑格理念的诠释是言之过甚的不实之词。

多萝西·罗伯茨（Dorothy Roberts）是一位提倡社会正义的学者。她指出，尽管过去几年的情况已经发生变化，但不论是现代的支持堕胎运动还是整个左派运动，都尚未完全清除优生学的根蒂。[17]人们开始对繁衍后代这件事进行了更多的深思熟虑，但这也还只是赋予个体权利去终止妊娠或避免怀孕，并未考虑到这样一个事实：数百年来，原住民妇女、非裔妇女以及其他有色人种妇女、残疾人、性少数群体、变性人群体也一直要抵抗强制绝育，并在孩子被强行带走的时候奋起反抗。

20世纪90年代，美国非裔女权主义者的核心成员出席了一场支持堕胎的会议，并在会上制定了生育正义（reproductive justice）[1]的整体框架。一场草根社会运动也由此展开，向长期以来只关注白人妇女利益的生育权利言论发起了挑战。若想要发起一场真正具有包容性的生育自由运动，关注点就不能只局限于堕胎或是避孕。不论是生育正义的最早发起者，还是后续将其付诸实践的活动家、

---

〔1〕 生育正义是女性主义中的一个重要框架，是为了回应美国在生育方面的政治决策。生育正义有三点核心价值观，分别是生育孩子的权利、不生育孩子的权利以及在安全和健康的环境中养育一个或多个孩子的权利。

医保从业者、律师或是教育工作者，他们全都明白。换句话说，生育正义向人们指明的是，"生育的权利；不生育的权利；抚养孩子的权利，以及自主选择如何生育的权利"都同等重要。[18]推行生育正义的社会活动家都明白，资源、结构、系统都必须发生改变，而上述追求中的每一项都和这些改变密不可分。当你把生育权利和种族、性别、阶级和环境正义[1]一起思考，若你能理解这些社会正义问题根本上是难以分割的，就不会再赞成任何国家或机构有权控制任何人的生育行为的想法。生育正义运动要求我们对人类的生育行为进行全盘思考，要求我们理解"正义"的含义：若在生育者中划分出"好"或"坏"，这会造成永久性的伤害。

若有国家或机构想要阻止人们生儿育女，任何方式都是不可接受且不合道德的。无论是由纳粹分子还是左翼人士主导，这种做法都是对人权的侵犯，而且剥夺了人们的生育自主权。但之所以到现在还存在这样的做法，部分原因就是因为未能意识到其中的危机，不仅赫胥黎，整个国家都没有察觉。问题不仅仅在于法西斯分子可能利用优生学来危害社会，而且在于其中的深层想法：人类可以被分门别类，并被列入等级制度之中。任何想要对人类的生命

---

[1] 环境正义（Environmental justice）一词源起于美国，美国国家环保署（EPA）在20世纪90年代末提出了环境正义的完整定义："环境正义是所有人，无论种族、肤色、国籍或收入的差异，都能被公平对待；有意义地参与到开发、实施和执行环境法律、法规、政策中去。这将实现人人都能够获得免于遭受环境污染损害健康的相同程度的保护，实现人人都平等地参与到环境决策过程中并因此在良好的环境中健康地生活、工作、学习。"参见《什么是环境正义》（美国国家环保署环境正义办公室网http://www.epa.gov/environmentaljustice/，2023年2月7日访问）。

价值进行分类的系统才是问题所在。

回顾过去,霍尔丹曾经站在一群面色疲惫但依然乐观的观众面前,他们之中有人是年轻科学家,也有学者和作家。那时霍尔丹思考的是,以后该如何利用体外人工培育的技术来创造出"更优秀"的人类。相较于那个时间点,我们已经又长途跋涉了很远很远。科学研究已经取得不少进展,远远超过了霍尔丹当初的许多设想。但是,在我们如今建立的世界中,是否已经不用担心人造子宫会被用于胁迫他人?我们真的可以这样断言了吗?

那些为"今日与明日"丛书撰稿的作者中,也有人不认同霍尔丹在体外人工培育和优生学方面的看法。维拉·布里顿在《翡翠鸟,或一夫一妻制的未来》(*Halcyon, or the Future of Monogamy*)[1]中借一位博学教授密涅瓦·赫克斯特温(Minerva Huxterwin)之口描述了2050年左右的科学发展情况,勾勒出另一种发展可能,与霍尔丹提出的路径截然不同。她认为那时体外人工培育已被普及,但最终人类社会并不打算广泛使用这项技术:父母双方可以提供的那种"养育和照顾"是国家和机器怎么也比不上的。她认为人们最终会发现,这种照顾在科学上具有可被量化

---

[1] Halcyon作为名词有"翡翠鸟"(翡翠属的鸟类,翡翠亚科的一个属)之意,作为形容词有"平静的,愉快的,繁荣的"之意。传说翡翠鸟能平息海上的暴风雨,得名自希腊神话中化身为翡翠鸟的阿尔库俄涅。阿尔库俄涅嫁给了特剌斯国王刻宇克斯,婚后恩爱异常,但美满的生活同时也使他们忘乎所以,甚至把自己比喻成神。众神极为气恼,所以把他们夫妻双双化成鸟,一为潜水鸟,一为翡翠鸟。还有一个传说故事是刻宇克斯在海上遇到风暴,船被打翻。第二天阿尔库俄涅找到丈夫的尸体,悲痛异常,在绝望中化成了翡翠鸟,众神怜悯,把刻宇克斯也变成了鸟,让他们依然是恩爱的夫妻。

的价值。那些"体外孕育学家"会尽情赞美人造子宫,因为这项技术能让最"适应环境"的人大量繁殖。尽管如此,之后还是会有证据说明,他们如此关注遗传决定论是不对的。换一种说法就是,赫克斯特温认为,虽然人们想通过体外人工培育来让优生学变得更加"科学",但他们很快就会发现,其实遗传因素并不能决定孩子的未来,父母提供的爱和关怀才是决定性因素。在赫克斯特温讲述的故事中,人造子宫是一种已经存在的孕育形式,但只有当人造子宫成为父母怀孕的唯一途径时才会被选用。但布里顿自己见证的未来和这幅图景完全不同,最大的差异不在于婴儿是否以体外方式培育长大,而是因为这个故事里的所有父母都能获得充足的资源,把自己和孩子都照顾好,而且可以自己安排好生育方案。

若是其他所有条件都保持不变,那么以爱为基础的家庭确实会让我们的社会欣欣向荣。但值得我们注意的是,不论是过去还是现在,这种对未来的愿景依然只是停留在推测层面。科学家J.D.伯纳尔(J. D. Bernal)[1]也曾为"今日与明日"丛书撰稿。在他看来,我们可以根据眼前的现实来推断出未来可能存在的危险,这个方法可以让我们"了解自身行为可能造成什么影响,以及可能带来哪些后果"。[19]既然直到今天世界上依然还存在强行控制生育的做法,那么未来我们应该用什么方式来使用人造子宫,使用方式中又隐含着哪些危机呢?

---

[1] 约翰·戴斯蒙德·伯纳尔(1901—1971),英国科学家,出生于爱尔兰,毕业于剑桥大学,主要研究方向为X射线晶体学,但是在科学史方面也有很多著作。

我们可以轻易想象出婴儿在体外产生的未来世界，却很难描绘出一个废除优生政策、对人类一视同仁的世界。这向我们传递了什么信息呢？我们想要为所有人提供其所需的资源，并且赋予他们自主权去选择是否要生育、何时生育，我们希望现实世界也能如此。按理说，这个诉求并不过分，也谈不上奢侈。

第四章　扮演母亲角色的机器

考虑到优生学在现代社会依然余波未散，我们完全有理由去关注人造子宫的哪些应用方式可能带来危害。但我们也要记住这个重点：目前开发这项技术的预期用途是为极早产儿和孕育者提供服务。早产会带来极大创伤，而现在研发这些科技的人员是想要在这种情况发生时救死扶危，绝不是夺走人们对自身生育功能的掌控。毫无疑问，人们对这项技术赞不绝口，认为这将会改变新生儿和孕育者护理的潜在规则。但让我们暂且假设，人造子宫只会被用于作为一种新式的生育护理方式这个目的，那么，究竟是哪些人可以享受到这项技术？20 世纪 20 年代，爵士乐逐渐走向衰微，维拉·布里顿就在那时候写下了《翡翠鸟，或一夫一妻制的未来》。如今我们的医疗状况也没有多大变化：体外人工培育技术尚未研发出来，但在全球范围内，还有许多人就连现有的基本医疗保健都无法获得。

根据估计，目前正在研发的这项技术将会需要许多人力，价格高昂，而且需要重量级的基础设施来保障其运行。在 EVE 平台进行测试时，需要有研究人员 24 小时轮流值守，持续监测羔羊胎儿的生长状况。如果人造子宫的最终循环测试时也同样需要全天候的监督，那就还需要对专家团队展开细致的培训才行。同时，荷兰的研究人员希望生产出的原型机能达到目前全球的最先进水平。在正式投入临床使用之前，他们还会用 3D 打印机制出哺乳动物的模型来进行试验，这听上去非常诡异。为了实现这个目标，他们要找许多生物技术合作伙伴来采购零件，这可能也会导致他们的设备造价高昂。至于美国的 EXTEND 项目，每一项功能都必须经过细致的处理，比如要保证人造胎盘可以除去二氧化碳并向胎儿提供营养，同时要有监视器来持续检测心率和血流，还要制作出可调试的导管来充当脐带。最后，人造子宫本身的制作也非常重要。团队每天还要反复调配，生产出大约 300 加仑的人造羊水。所有这些元件都需要采购、组装和维护，单是其中任何一项都已经是巨大的挑战。但若要把所有这些部件组合在一起，最终做出人造子宫，并保证能有预期的运行效果，则更是需要研究人员投入大量的努力，还要花费精力去检测。2020 年，EVE 平台的一位骨干研究人员向《斯莱特》(*Slate*)[1]的记者表示："实际情况是，这根本不是什么有趣又随意的分娩方式，根本不像水中分娩那么轻松。假设我们真有一天要用上这项技术，价格肯定是昂贵得让人心痛，并且还得有一支技艺娴熟的团队才行。"[1]

---

[1] 《斯莱特》是一本主张自由主义和进步主义的在线杂志，内容涵盖美国的时事、政治和文化等。该在线杂志最初由微软拥有，是 MSN 的一部分。2004 年，它被华盛顿邮报公司（后更名为格雷厄姆控股公司）收购，自 2008 年起由格雷厄姆控股创办的 The Slate Group 负责管理。

以上种种事实究竟为什么重要？人造子宫技术耗资巨大，应用过程中需要多项组件，又要有大量的基础设施才能保持稳定，还必须有专家团队监督，这都意味着我们也许只能在资源充裕的情况下使用人造子宫。在新冠病毒大流行开始时就有过许多公共讨论，如何努力在这次危机结束时实现医疗方面的平等。但直到 2022 年春季，医疗护理的资源分配仍然不公，形势依然一如既往地严峻。虽然那些经济实力较好的国家已宣布恢复"正常生活"，世界范围内的绝大多数人都还是没有接种疫苗，绝大多数地区的居民在感染之后也依然无法得到治疗。

有些人在活着的每一天都知道，自己只要走进一间诊所就可以接种疫苗，此举有时还能救下自己的性命；有些人在怀孕时很清楚自己只需要 20 分钟就可以到达医院，并得到充满尊重的、无微不至的、专业化的照护。在过去的几年中，医疗保健的不平等现象依然严重，但当今社会有许多人总是轻而易举地忽略了这件事的严重程度。我们一步步让世界变成了今天的模样，而这些不平等正是对这个现实世界的严厉控诉。现实不像布里顿构想的那样是一个充满了集体主义关怀的乌托邦，而是更接近赫胥黎笔下的反乌托邦世界。

在低收入国家的人们有机会接种第一针疫苗时，经济发达国家的人们已经完成了第三剂甚至第四剂的接种。每个人都应了解到这个重要事实。而且，有些关键性医护资源分配不均，这会带来一系列的后果，其中最残酷的那些就会由孕育者和新生儿来承受。这样说来，这是每个人都应该关心的事情。人造子宫可以救下一些极早产儿，否则这些婴儿就会夭折。那些22周甚至21周就早产的婴儿个头甚至比一根胡萝卜还要小，如果他们能够存活甚至茁壮成长，人们对极度早产这件事就会一改既往的看法。有些孕育者在孕中期或孕晚期就出现了危及健康的并发症，甚至可能因此生命垂危，在更远的未来，人造子宫也可能帮她们脱离困境。现在如果有孕育者出现先兆子痫[1]，那就可能会面临巨大的风险，而且需要密切监测，但以后医生也许可以使用人造子宫来进行治疗。现在这项技术正在研发的过程中，但是在医护资源极端不平等的大背景之下。而且从目前的情况来看，应该只有少数人才有这份幸运能用上人造子宫。

全球每年诞生大约1500万名早产儿，印度、中国、尼日利亚、巴基斯坦、印度尼西亚、美国、孟加拉国、菲律宾、刚果民主共和国和巴西的早产率高居前列。根据世界卫生组织的报告，全球的孕产相关死亡案例（即孕育者在分娩前、分娩中或分娩后死亡）有94%发生在低收入和中低收入国家，其中86%发生在撒哈拉以南非洲和南亚。在这些地区，婴儿在出生后首月内死亡的可能性几乎是高收入国家的10倍。在低收入国家，那些不满28周就早产的婴儿中有90%会在出生后几天内就夭折，而高收入国家的这项比例低于10%。局部人造子宫技术的目标群体正是那些出生不足28周的极早产儿。对这些孩子而言，这项技术堪称革命性的创新。

---

[1] 先兆子痫是新出现的高血压或既存的高血压出现恶化，伴有尿液中的蛋白质过多，并发生在妊娠20周后。子痫是发生在先兆子痫女性中的癫痫发作，并且没有其他原因。

在世界上那些经济最发达的国家，人们往往可以更便捷地获得医疗资源。我们只需要看看孕育者和婴儿会得到怎样的护理，就能看到种族不平等依然很明显。在美国，非裔孕妇的死亡率是白人孕妇的3到4倍，而且她们更容易遇到那些"有惊无险"的情况，也更可能遭受怀孕和分娩带来的伤害和并发症。据估计，原住民妇女因为怀孕或其他生育相关原因而死亡的可能性是城区白人妇女的4.5倍。在美国的非裔居民、夏威夷原住民、美国印第安人和阿拉斯加原住民[2]群体中，婴儿有较高的早产风险，并且在出生后一年内就夭折的可能性也更高。在美国的某些州，非裔母婴与白人母婴之间的健康状况存在差距，而实际差距还在继续扩大。2005年至2014年间，只有阿拉斯加原住民和美国印第安人的婴儿死亡率没有下降。

全球各地和各个种族之间都存在早产死亡率的差异。如果这是因为缺乏先进的新生儿护理技术导致的，那就应该根据这些数据来分配局部人造子宫，可能这才是最公平的做法。例如，如果已经有临床试验证明这项技术安全有效，那就应该优先考虑那些风险最高的人群，这意味着需要把人造子宫分配给那些早产死亡率最高的国家。如果我们已经知道英国的早产率很低，而且出生在英国的极早产儿也有很大的概率可以存活，但印度的早产率很高，而且这些早产儿很有可能会夭折，难道这不能有力证明印度应该先使用人造子宫吗？

然而，缺乏先进技术并不是这个案例中的唯一的难点，甚至不是最主要的挑战。其实，世界卫生组织已经指出，虽然一些资源匮乏地区已经具备救助新生儿的技术，但因为缺乏相应技术所需的基础设施，这种情况下使用新技术有时反而会导致婴儿死亡。例如，保育箱等技术需要稳定的电流，在那些经常断电的地方，本应从治疗中受益的早产儿可能反而会陷入风险。即使人造子宫本身是免费的，或是以极低的价格提供，但运行过程中仍然需要大量人力，以及大量可靠的基础设施：稳定的电力供应、制造人造羊水的设备、用来预备每个部件的物理空间。如果没有这些资源，只是把人造子宫运到诊所或医院是远远不够的。医护人员本就不足，而从业人员要接受大量培训才能使用这项技术，之后还需要一直维护。而且，这还意味着医护人员可能要放下手中那些本就迫在眉睫的职责，才能腾出手来运行人造子宫。

换句话说，我们永远无法只依靠新式的、更先进的技术来"解决"不平等的问题。真正的问题在于基础资源的分配不均，而不是缺乏新颖的发明创造。根据世界卫生组织估计，在那些低收入国家，正处于或不足 32 周就出生的婴儿中，约有一半的婴儿都"因为缺乏切实可行的、性价比较高的护理而死亡，比如环境不够温暖，缺乏母乳喂养的支持，感染时未得到基本护理"。[3]这个情况一点也不让人惊讶。早产概率如何，婴儿和分娩者的后续情况如何，往往得看孕育者能获得怎样的医疗支持。

我们知道，若要在医疗环境中使用人造子宫，就必须先克服科学和伦理上的阻碍。但让我们暂时先想象一下，正如 EXTEND 团队的研究人员预测的那样，临床试验将在未来的 5 年到 10 年之间进行。然后，我们假设试验证明，这项技术正如我们预期的那样有效。那么我们在 2032 年可能就会拥有一个医疗平台,用来保障孕期21周至23周之间出生的胎儿健康生长。低收入国家本就缺乏抗生素、类固醇,也没有那么多训练有素且具有文化敏感性的护理专业人员。如果到了这个时候,低收入国家在这些方面还是几乎没有改善怎么办?富裕国家和低收入国家之间的孕婴状况本就已经极为不平等,如果真的出现这种情况,人造子宫就会导致这种现象进一步加剧。这个思想实验实在让人沮丧,但也向我们揭露了事实。

若想要解决新生儿和孕育者因为种族差异而面临的不平等护理,依靠新技术也不太可行。恰恰相反,这些差异其实是社会问题显露出的症状,比如结构性的种族主义、医疗机构的歧视问题以及根深蒂固的种族不平等观念。在美国,一个人是否能够获得足够的医疗保险,以及能否住在资金充足的医疗诊所附近,种族偏见往往是决定性的因素。2019年,有一项研究追踪了新生儿重症监护室(NICU)中的隔离情况,这里我们说的就是字面意义上的隔离。研究发现,和白人、拉丁美洲裔和亚裔婴儿相比,非裔婴儿更有可能被集中安排在环境较差的NICU。[4]然而,这还不只是资源分配的问题。在美国,教育和经济稳定等其他方面也存在优待,这也会影响到白人孕育者及其婴儿在产后的健康状况。但非裔妇女及其婴儿会因为种族主义而在孕期就陷入风险,不论他们的教育或经济状况如何都是如此。

有学者研究孕育者和婴儿健康情况的种族差异,发现非裔患者在说明症状和疼痛情况之后,往往要等待很久才受理,甚至会被拒绝提供护理。这是相关研究中反复出现的主题。以前那些以人类为受试者的研究不仅有违道德，还有种族主义的特点。这也和优生学遗留的影响密切相关。就在马丁·库尼开始巡回展出前不久，发明窥器[1]的J.马里恩·西姆斯（J. Marion Sims）[2]对非裔奴隶妇女实施了极为疼痛的侵入式手术，而且是在没有使用麻醉药的情况下。因为他之后要对服用了镇静剂的上流社会白人妇女实施同样的手术，所以想这样锻炼自己的技术。哈里特·华盛顿曾在《医疗种族隔离》中记录，西姆斯还曾对非裔婴儿做过非常暴力而且可能致命的实验，又把问题归咎于他们母亲以及接生的非裔助产士，认为是她们导致婴儿死亡。[5]

坊间一直流传着这样一条迷思：对于身体痛苦，非裔女性没有白人女性那么敏感。在一个多世纪之前，J.马里恩·西姆斯就是基于这条迷思做的实验。在如今的母婴护理中，依然渗透着这个观点。正如达纳-艾因·戴维斯（Dána-Ain Davis）曾在其著作《生育的不公：种族主义、怀孕和早产》（*Reproductive Injustice: Racism, Pregnancy, and Premature Birth*）中指出，人们在某些情况下甚至会把这样的看法延伸到早产儿群体。她还引用了一种现在依

---

[1] 窥器也称为诊查器、开张器，是用来诊查身体孔口（如阴道、肛门、鼻孔、耳道、口腔）的医疗器材，会针对不同的身体孔口设计不同的外形。其中用于检查阴道的器具称为窥阴器，因其形状类似于鸭的嘴，故又称鸭嘴器。窥器的使用目的类似内视镜，是为了看到孔口内部的情形。
[2] 詹姆斯·马里恩·西姆斯（1813—1883），美国外科医生。他最著名的工作是开发了一种修复膀胱阴道瘘的手术技术，这是难产的一种严重并发症。他也因发明西姆斯阴道窥器、西姆斯乙状结肠导管和西姆斯体位而闻名于世。在遭到强烈反对的情况下，他在纽约建立了第一家专门为妇女服务的医院。

然流行的不科学说法,即非裔婴儿和亚裔婴儿"需要的孕育时间比白人婴儿更短"。显然,这种想法的危险之处在于,如果一个婴儿不是白种人,就会"被看成超人,或是不需要那么多的照护"。[6] 请再次想象一下,如果 10 年后已经发明出了人造子宫供人们使用,又会是怎样的场景?在我们的文化和制度结构中,种族主义经久不衰,非裔早产婴儿似乎总是未能和白人早产婴儿一样接受优先治疗。若在这种情况下把人造子宫投入使用,这项技术可以整体提升白人孕育者及其婴儿的健康状况,但他们本就是状况更好的群体了。那么同时这也会导致,非裔婴儿以及母亲们的死亡率和并发症率依然像之前一样高得不成比例。

在种族差异带来的医疗不均问题上,人们经常把美国看成一个极端的案例。从整体上来说,美国孕产妇和新生儿的死亡率高得惊人,这在一众高收入国家中可谓独具一格。但是,即使有的国家早产率以及孕产妇和新生儿的死亡率要低得多,种族主义也还是给医疗带来持续的风险,这是显而易见的事实。EVE 研究团队中的领军人物最近指出,他们有一部分研究工作是在澳大利亚开展的,那里"原住民和托雷斯海峡[1]岛民的早产率几乎是非原住民群体的 2 倍"。[7] 英国的所有孕育者都从 NHS 获得保险,而非裔女性因妊娠相关并发症而死亡的比率是白人女性的 4 倍;她们更可能发生妊娠相关的健康并发症,这些原本是可避免的疾病;而且,她们的早产率也更高。亚裔和混

---

[1] 托雷斯海峡(Torres Strait)是位于澳大利亚与新几内亚的美拉尼西亚岛之间的水体,海峡最窄处约阔 150 公里;南面是约克角半岛(澳大利亚昆士兰州的最北端),北面是巴布亚新几内亚的西部省。

血女性的死亡率也比白人女性高得多,早产可能性也更高。

少数族裔的妇女和婴儿总是更容易陷入某些特定的困境,目前正在开发的局部人造子宫也许可以对此有所帮助,这也是这项技术受人称赞的原因之一。不论是英美两国的非裔妇女、澳大利亚太平洋沿岸居民还是托雷斯海峡岛民,他们的婴儿都有过高的早产比例。如果这些婴儿能被安全地孕育到 28 周,那他们就会有较好的健康状况,存活概率便能大大增加。但是,低收入国家和高收入国家之间的孕婴健康情况本就很不一样,而这并不是创新性的技术本身就能解决的问题。如果真的发生极严重的早产,人造子宫可以作为一种干预手段,降低婴儿夭折以及出现并发症的概率。但这项技术很显然无法消除最初的早产率差异。

乔亚·克里特-佩里(Joia Crear-Perry)博士是一位妇产科医生,也是国家生育公平协作组织的创始人兼总裁。她曾在杂志《根》(The Root)[1]上发文指出,遗憾的是,人们想要解决社会问题的时候,总是倾向于在技术层面寻找解决方案,而非提出关注社会的策略。她也因此指出:"如果投资的对象是生物技术而不是人类,那这样的投资只会改进事物,而无法推动人类进步。"[8] 不论是人造子宫技术本身,还是之后的分配方式,都一直让人们过分强调要用创新的高科技策略来解决早产问题,而没有关注过社会层面的策略。在一篇发表于 2017 年的论文中,EXTEND 团队提到了首获成功的动物试验。他们还推测:"对于那些必然严重早产的婴儿,未来的技术应该能进行

---

[1] 《根》是一本针对非裔美国人的在线杂志,于 2008 年 1 月创立。

更好的预测；对那些死亡和发病风险最高的婴儿，也许还能用新技术来做基因预测。"[9]他们认为，在需要决定哪些婴儿可以获得人造子宫的护理时，这些未来可能出现的进展也许可以作为决策参考。从科学方面来说，这无疑是一条合乎逻辑的进路。我们可以在理论上作出假设：在未来的美国，某家医院内有一部人造子宫设备，同一时期有3个怀孕的人可能早产，可以用基因预测来确认3名早产儿中有1名极有可能夭折，或是出现极为危险的健康问题；同时也能评估得出，另外2名早产儿通过其他形式的护理就可获得较好的存活概率，而且并发症风险较低。如果通过预测发现，某个婴儿在没有人造子宫护理的情况下会出现最危急的健康状况，那么这项疗法就应该留给这个孩子。

但如果把这种方法用在医疗领域，是否真的能把社会层面的决定因素完全排除在外？若要评估谁的早产风险最高，以及谁的孩子如果早产最容易出现健康问题甚至发病，我们其实不用基因预测就能知道。在美国，哪些早产儿最容易陷入危险的境地？资源分配不均和结构性的种族主义是最显而易见的社会指标。这都是社会不公造成的差异，虽然人造子宫技术无法从源头上消除这些不公，但在美国已有大量证据表明，早产相关的死亡案例和并发症都是某些社会因素造成的。对于数量有限又可以救人性命的医疗资源，如果我们的目标是确定哪些人能够使用，那在进行分配决策时又为什么不考虑这些社会方面的证据，而去优先考虑基因的数据呢？

有人认为，基因评估不是社会因素，如果关注基因也许就能减少偏见。假设有一个由医疗保健从业者和伦理学家组成的团队，他们必须根据医疗的社会因素来决定谁能使用人造子宫，也许最后得出的也只是对风险的主观评估，而非基于科学数据的评估。但是，之前已经出现过优生学和人体试验，若我们想想这些事对后世的影响便能知道，科技方面的干预通常都会受到时代和环境的影响。虽然人们总是声称，那些高科技工具无论是在研发时还是应用时都是立场中立的，但在应用过程中又总会反映出社会上已有的歧视。人脸识别和语音识别的技术就可以作为例子。这些技术在研发初期主要使用白人男性的数据库，因而在识别这个群体的时候错误率极低，但如果识别对象变成了深色皮肤的女性，那么错误率就超过了30%。在当今社会，种族主义已经带来重大危害，在警察维护治安时就是如此。人们在使用这些技术时，总以为这都是新兴的工具，其实却不过是在延续旧日的做法而已。非裔以及有色人种被监视、被针对的境况并未改变。

当我们想要通过基因预测来确定早产相关的风险情况，要如何确定我们的立场始终是不偏不倚的呢？我们要采取什么措施来确保这一点？在收集了数据之后，又由谁来负责评估？那些风险评估人会真的只考虑数据本身吗？这样的可能性有多大？这些评估人的身份、个人经历和社会背景又是否会影响他们的判断？我们可以再回到之前的想象：医院里只有一套人造子宫设备，而短短几天内就有5名极早产婴儿降生。可以确定的是，每个22周的婴儿都有很好的存活概率，若能被放置在人造子宫内部，那他们的健康状况会得到明显改善。如果真想要公正地确定这项技术的应用方案，仅仅依靠遗传数据就足够了吗？如果这一切发生在美国，人们在这类决策过程中也会有财务方面的考虑。如果有些患者的父母有能力支付费用，而根据评估，另有一些患者若不接受这种疗法就最有可能死亡，那又该提供给哪一类患者呢？

早产或是其他健康问题往往都是在孕晚期的时候发生。这对孕育者来说都会造成实实在在的伤害，甚至可能彻底颠覆其生活。若有一些新的发明可以缓解其痛苦，我们理应感到欣喜；而这项发明能让婴儿就像还在子宫里一样继续成长，这样的创新可谓大功一件。但是，按照目前的走势，这些技术的哪些应用可以被允许，哪些又应该被禁止？我们必须脚踏实地地考虑这些。现在医疗的不平等现象依然坚不可摧，不仅在全球都极为普遍，还带着种族主义的色彩。在这种情况下，我们应该如何绘制出一条不同以往的航线，防止人造子宫加剧现有的不公现象？

怎样才能实现让每位孕育者在孕期和产后都获得足够资源的未来？我们已在第三章读到，"某一部分人的生命比其他人更有价值"之类的优生学观念在医学和法律领域已是根深蒂固。在发达国家的医院和诊所，非裔和原住民女性及其婴儿依然面临种族歧视带来的危险，这正是优生学观念残留至今的影响。北美的医疗系统是在白人和男性的主导之下建立的，他们让生育方面的照护服务迁离社区，还管控着非裔和原住民助产士，以及那些传统护理人员，这一切都是有意为之。因此，在现在的监管框架之下，助产士的活动依然受到颇多限制。这个体系更重视白种人母亲和婴儿，而不是其他群体。不论是政府的政策层面，还是医学院培养学生的方式，这个体系依然无法为孕育者和婴儿提供公平的护理。

体外孕育是否可以为孕育者赋能，而不是削弱其角色的重要性？虽然这在目前仍只是一种猜测，但也已有实实在在的工作正在展开，旨在改变医疗不平等的问题，并让怀孕、分娩和为人父母的经历变得更加美好。生育相关的医疗保障是一项基本人权，应该得到保护。只有在这个先决条件之下，未来研发出的人造子宫才能真正为所有孕育者和新生儿带来福祉。

在英美等经济发达国家，基层组织人员、医疗从业者和政策制定者一直都在采取一些实质措施，旨在解决种族主义带来的医疗不平等，保护人们在生育过程中获得医疗资源这一基本人权。在美国，许多追随生育正义框架的组织都采用保护人权的方法，"把生育医疗服务视为全人类都有权获得的资源，就像获得教育、住房、食物和其他医疗保健资源一样"。[10] 他们曾出版一本名为《激进的生育正义》（*Radical Reproductive Justice*）的汇编文集，洛蕾塔·罗斯（Loretta Ross）、林恩·罗伯茨（Lynn Roberts）、埃里卡·德卡斯（Erika Derkas）、惠特尼·皮普尔斯（Whitney Peoples）、帕梅拉·布里奇沃特·杜尔（Pamela Bridgewater Toure）都在其中强调，要努力保护孕育者自己做决定的权利，同时也要像保护人权一样保护生育医疗，其实就是要为这样一个目标而奋斗："政府和社会应履行义务，确保每个人都有条件自己做决定。"[11] 换句话说，如果只是确保人们能够自主作出生育选择，那还不够。每个人终生都有权获得免费、安全、近在咫尺的生育医疗服务，包括避孕、堕胎、产前支持、富有尊严感的分娩过程和产后护理。整个社会都应保证人们能获得这些，并且积极保护这些权利。

美国的许多组织都正在为此而努力。比如国家生育公平协作组织就拟定了出生公平议程（Birth Equity Agenda），这是一份全面的变革蓝图。如果把生育医疗作为一项基本权利来加以保护会如何？这份蓝图就提供了一个案例。这个组织还倡导，各级政府都应积极保护人们的生育医疗以及生育自主权。此外还有许多提议，其中一条就是在白宫设立办事处，以人权和种族平等的原则来解决所有"阻碍生育自主权充分实现的因素，比如要保证人人都能获得医疗保健，包括避孕、母亲和婴儿的照护，还要保证医疗服务的质量，让人们能承受儿童保育服务的价格，并且能获得全面的带薪育儿假"。[12]在政策层面，这些做法关系到社会变革，而非技术创新。这也许能改变围产期[1]护理和新生儿护理的不平等状况。

像保护人权一样保护婴儿和孕育者的健康，给医疗不平等画上句号，这是全球各地共同的任务。低收入和中等收入国家是死产、母婴在分娩过程中死亡或发病的集中发生地区。进入21世纪20年代，联合国提出要降低这些事件的发生概率，并把这列为可持续发展的目标之一。若要有所改进，仍然需要国际社会投入大量资源。之前经济发达国家研发出了疫苗等可能终结疫情的重要药物，却不愿意分享给其他国家。那么，这些国家又有多大可能性会乐

---

[1] 围产期是指怀孕28周到产后一周这一分娩前后的重要时期。围产期的护理和包间主要是为了降低婴儿及母亲的发病率和死亡率。

意把改善孕婴健康的方法分享出来呢？

根据世界卫生组织的报告，世界上 95% 的死产和新生儿死亡都集中发生在 88 个国家，这些地方都面临医护人员严重不足的问题。这些地区的长居人口占全世界的 74%，医生和护士的人数却只占全世界的 46%。2020 年，世界卫生组织、联合国人口基金和国际助产士联合会在《柳叶刀》上发表了一项合作研究，若能广泛提供适应当地文化的高质量助产服务，到了 2035 年，每年的死产、孕产妇及新生儿死亡数便能减少三分之二。[13]这同时也需要为助产士提供培训和较为丰厚的薪水，并提供医疗用品和卫生设施。若要在实践中把生育护理和新生儿护理作为基本人权来保护，也要支持长期为这些目标而奋斗的社群和基层运动，为他们提供资源、资金，并给予足够的关注。

基层一直在发声倡导社会变革，全球的进步政策的制定者和医疗从业者也一直在努力推动这一进程。但人造子宫真的可能给早产儿和孕育者带来别开生面的变化吗？在变革真正实现之前，一切依然很遥远。世界变成什么样子，才能让我们真正走进这样的未来世界？任何人都需要得到安全又完备、适应本土文化的生育照护。无论他们是什么性别、种族、阶级或民族，也无论他们在哪里居住，都应该如此。在分娩期间，每个人都应该得到助产士、产科医生和导乐师的支持，同时也知道护理人员会尊重自己，并保证婴儿的安全。同时，这些服务都应该是免费的。人们在分娩时还应该清楚了解到自己的孩子以后在成长过程中可以获得其所需的资源。

许多生物技术耗资巨大，而真正研发出来之后也无法被世上大部分人用到。为这些项目提供资金，又是否合理呢？我自己也经常如此质疑。毕竟，我们分配并使用现有的护理用品时，就已出现了相当严重的不公。放弃人造子宫等造价高昂的科技创新，转而努力去解决社会上的不平等问题，难道不是我们更该走的正确道路吗？

现在的挑战则是，人造子宫研究已经获得了大量的资金和支持。部分人造子宫已不只是停留在假设层面，而且不必等到遥远的未来就会出现。2019年，光是荷兰的一支研究团队就获得了290万欧元经费。这还只是计划在项目初始阶段使用的，目标是生产出一套功能完备的人造子宫原型。我们是为这个项目提供资助更好呢，还是更应该资助预防早产的研究？提出这个问题已经没有必要了。现实情况就是，这个项目已经获得资助，研发已经正在进行。我们已经知道，若要解决医疗方面的不平等，就应该促进社会变革而非技术进步。但在人造子宫的研发正在进行的同时，我们也可以发问：是否应该考虑人造子宫的使用机会和公平分配问题，以防这项技术让现存的不公正现象变得更加严重？

以人类为对象的临床试验极具挑战性，我们已经在第二章中探索了这个话题。研究人员在研发新疗法来照护早产儿时，却很少优先考虑普通人群是否可以用到又是否可以负担得起这些技术，而技术本身又能否适应不同的环境。但其实所有这些因素都关系到技术会给社会带来怎样的影响。但是，如果这些也是设计人造子宫时需要考虑的关键因素呢？如果我们以生育医疗领域中被置于最边缘的人群为中心，展开一轮轮公共意见的征集，又是否能让人们重新思考人造子宫的技术开发、分配和使用的问题呢？

2017年，美国的研究团队刚刚宣布研发出了生物口袋。一名研究人员在被问及体外孕育的财务影响时评论说，"现在推测还为时过早"，然后补充道，若能减少早产相关的并发症带来的开销，不管怎样的支出都能被抵销。若从早产儿最初住院开始算起，一直到持续治疗肺病和肠道疾病，再包括早产引起的其他长期健康问题，仅以美国的数据为例，每年照顾所有早产儿的费用估计就高达260亿美元。在美国，在新生儿护理中心产生的许多费用都必须自费承担。现在美国新生儿重症监护室（NICU）一天的住院费就可能高达3500美元，长期住下去的话，花费可能超过100万美元。许多在美国生活的人没有医疗保险，对他们来说这简直就是天文数字。对其他买了私人保险的人来说，如果必须让孩子入住NICU，这也许意味着其将要身负重债，或是再也无力支付其他家庭成员的护理费用。如果婴儿需要在局部人造子宫中孕育4个星期，而这笔费用需要父母自己支付，那数额可能会高到让人"热泪盈眶"，而且对大多数人来说根本无法承担。

一般情况下，一项技术要在投入使用很长时间后才会出现更新换代，从而让更多人有可能用到。在高收入国家，现在人们一般能用到的专利保育箱价格仍然很高，在37000至50000美元之间。保育箱的配件可能有一定的采购难度，使用和维护也绝非易事。因此，如果不打算使用最先进的NICU，医院也可以在重症室外面提供传统的保育箱，但真正操作起来不一定能实现其功能。在过去的20年里，不少研究团队都努力想要研制出更新换代的保育箱，希望能在经济方面控制价格，并根据现实环境作出更灵活的调试。例如，英国有一家刚刚起步的医疗技术公司，开发出了一种低成本又易于维护的充气模型，取名为"mOm"。还有一家名为"拥抱创新"（Embrace Innovations）的公司生产了一款保暖器，看上去很像睡袋，售价在 200 美元上下。这款保暖器的设计匠心独运，就是为了保证它在任何环境下都能使用。它不需要通电加热，而且使用方法很简单。因此，如果有母亲在生下早产儿后，生育地点到医院有一定距离，这个保暖器也许可以救人性命。还有许多类似的创新发明，这都让我们看到新生儿相关的科技其实潜力很大。虽然这些技术不能从根本上解决医疗服务不平等的问题，但对这种不平等造成的后果能有所补救。

我们是否有可能也以这样的方式来制作并使用人造子宫呢？这样不仅能减少美国等国家在早产上的开销，也可以让技术普及到经费充裕的西方国家医院之外？在开发过程中，一方面要关注制造人造子宫时在材料上花费的经费，但也可以关注制成之后其在资源匮乏的环境中是否可以使用，以进一步提升其社会影响。如果研究人员能先着手制造出一个原型，不需要多少培训就可以让人上手使用，而且能在空间狭小的新生儿护理环境中安全运行，那又会怎样呢？

孕育者、分娩者和新生儿医疗的不平等问题，直接影响着不少人的生活。与此同时，这也直接影响着很多人的工作领域。对于这两个群体来说，人造子宫可能带来什么好处？我们需要在两方面都展开调查，因为二者都很重要。

那些正在开发人造子宫原型的研究团队都表示，他们想和实验室之外的人们展开对话，主要是为了想清楚手头的研究会带来什么影响。EXTEND 团队引用了一条截至 2017 年的人体试验时间线，每个时间点的间隔时间为 3 年到 5 年。他们也正在和生物伦理学家们合作，想要为研究项目探讨出伦理学的框架，以及可以使用人造子宫的临床情境。EVE 平台的负责人之一还指出，他们的研究工作将在法律和伦理方面引出极为重要的问题。荷兰的研究人员已经开始让公众参与到讨论之中，探索人造子宫技术的影响，以及在伦理方面可能出现的挑战。比如在讨论如何应用人造子宫技术的过程中，应该把哪些人列为利益相关者？这项技术引发的社会反应也有可能因此而改变。

若要在临床环境中使用人造子宫，可能会面临哪些挑战？相较于产科医生或 NICU 的护士，那些从事新生儿学工作的研究人员可能会有不同的看法。助产士、妇产科医生和导乐师可能会提出的问题是，人造子宫对孕产妇的体验会有怎样的影响？但新生儿科的医生则不会考虑这一点。怎样才能让人造子宫造福患者？如果是一位医疗保健从业者，并且曾在资源匮乏的环境中处理婴儿相关的工作，我们也许能听到一些宝贵意见。但若换成一位学术研究者，并且任职于一家资金充裕的美国诊所，那他可能就没有对这个问题有过思考。在这些环境设定中，供应商也许能给出有用的建议来促进技术发展，比如，在发生电力不稳等情况时应如何更好地支持人造子宫运行。许多基层组织一直在努力，希望能让低收入国家的早产率有所降低；在英美两国，非裔女权主义者领导的一些组织则想为婴儿和孕育者争取医疗方面的公平。该如何避免人造子宫进一步加剧医疗不平等？这些组织也许能提出一些有启发性的意见。至于应该如何展开临床试验，以及应该把这项技术开放给哪些人群，这些组织又可能会提出哪些疑问呢？

最后，和技术研发人员相比，孕育者以及那些 NICU 中患儿的父母可能又怀着不同的担忧。我们在考虑该如何使用人造子宫时，应该优先考虑那些在生育医疗方面最被边缘化的人群，比如非裔妇女、原住民妇女及性少数群体。也许只有这样，我们在讨论这项技术的应用和局限时才能引出更加丰富的信息。

人造子宫技术的开发已正在进行，未来还会有体外孕育的研发项目出现。孕育者和新生儿的不同群体之间的不平等和不公正是否能被纳入考虑之中，将会决定这两项技术的走向。人们能够获得"使用某项技术的机会"固然和医疗技术的价格有关，而且提供技术的地点也很重要，但此外还有更多需要考虑的因素。这个使用机会还涉及，这项具体的技术究竟是为哪个人群设计的，以及设计过程中参考的信息又是从何处来。

从现实角度来说，这些项目都已有人在着手推进，但他们可能永远都不会考虑这些问题。向公众征询意见是任重道远的事。而对研究人员来说，把技术推动到临床应用这一步就已是千难万难。因此，我们也可以理解为什么他们主要关注的是如何保证技术发挥作用并运行良好，而很难去关注技术是否能让很多人用到，或是否会让社会上现有的不平等现象更严重。但是，以后还有可能会出现其他针对体外孕育的研究，包括那些尚未启动的研究。除了正

141

在开发的人造子宫，人们目前应该还会开发其他相关技术。人类应该使用这些技术吗？又应该如何使用呢？在研发过程中又应该咨询哪些人呢？以及，这些技术是为哪些人创造出来的呢？我们需要提出这些问题，因为这能敦促我们去思考，在本身就不平等的社会中使用人造子宫会带来怎样的后果，也让我们能够想象，社会现状因此又有可能发生哪些改变。

我们是否能从体外人工培育的发端就考虑到社会公正的问题？这会带来什么不同？当我们真的开始引入这项技术时，又能否心怀希望，期待着看到一个变得更加公平的世界？生育医疗真的能像人权那样得到保护吗？如果我们希望所有孕育者和新生儿都能真真正正地因人造子宫而受益，我们首先需要解决的就是医疗的不平等，还要保证每个人都能获得生育医疗服务。

这个世界充满不公，我们不可能只依靠某项技术就期待奇迹发生。

第五章　堕胎问题的解决之道

我一直清楚地记得我第一次看到"体外人工培育"这个词时是什么情景。当时我正在翻阅各种各样的文章，主题涉及生育的技术、权利和正义。我的主要目的是想尽快把研究主题缩小，因为我马上就要和未来的博导见第一面了。我对许多吸引眼球的领域都格外好奇，比如体外受精、冻卵等话题。对于在这些领域中可能遇到的法律相关问题，人们在一定程度上都必须以推测的方式来进行思考。我偶然读到了一篇 2000 年后不久发表的文章，作者在文中顺便提了这么一句：未来可能出现各种各样的生育技术，其中体外人工培育将对法律领域提出全新的挑战。如果婴儿生长于人造子宫之中，其法律上的父母是谁？这是否会为公共育儿带来别开生面的可能性？体外人工培育出来的婴儿最终会归属于国家吗？又会带来什么危机？谁能获准使用这项技术，又是在什么情况下才可以被批准使用呢？

我的第一反应是，这项技术对女性来说是多么不可思议啊。当时，我还没来得及深入思考这个问题。我知道，很多人都讨厌孕期要经历的一切，也有不少人乐意认真体会这段经历。大多数人的经历则介于两者之间。但我有些朋友在整个孕期都忍受着极度反胃的感觉，还有人患上妊娠糖尿病，也有人经历了痛苦又复杂的分娩过程。对她们来说，怀孕对身体的伤害极大。我也有朋友非常想要孩子，渴望和伴侣建立对等的养育关系，我也和很多这样的朋友聊过不少。但是，怀孕似乎会决定我们的社交方式以及行动方式，不论是在家还是在工作场合都是如此，这些都让我的友人们感到沮丧。如果有一方可以享受产假，在怀孕期间和婴儿出生后的头几个月都不用上班，而另一方则连两周以上的育儿假都很难请到，那么双方又怎么可能"平均"分配这件事的工作量呢？

我在第一次读到"体外人工培育"这个词时，有这么几个基本问题马上占据了我的脑海，让我颇受冲击：如果妇女可以使用人造子宫，而不用自己怀孕，那会怎么样？对那些被诊断出先兆子痫的人来说，如果可以选择把婴儿转移到人造子宫里，以此来保护孩子的健康，他们期盼的孩子也能继续被孕育，那又会怎样呢？对那些通过人造子宫孕育的婴儿来说，如果任何不限性别的人都能选择成为他们的监护人呢？我很快就清楚地意识到，脑海里冒出的每个想法背后还会牵扯出一连串社会、政治和法律问题，可谓错综复杂。如果掌握这项技术的研究人员是女性主义者，而且反对种族主义，那么这些可能性也许真的会成为现实。但在当前社会的背景下，上述的每一种可能性都只会让已有的社会不公变得更严重。然而，我在第一次接触到体外人工培育的设想时，我迫不及待想要思考的是，如何让这项技术成为孕产妇的福音。究竟要怎样才能实现这一点呢?

2016年年末的那几个月里,胚胎学家们成功地将胚胎培养到了14天,达到了法定的14天限制。那时候,我刚刚踏上攻读博士学位的征程。然后,到了2017年初的那几个月,EXTEND团队的研究人员宣布,他们又有了新的突破,局部人造子宫在动物试验上首次取得重大成功。忽然之间,仿佛走到哪里都能看到"体外人工培育"这个词。尽管这是一个具有科幻色彩的词,尽管其中蕴藏着许多让孕育者受益的方法,尽管这个词引发的问题吸引了我,甚至打算将其作为我的研究课题,但关于这个词的讨论始终被这样一个看法主导着,那就是人造子宫将会"解决"堕胎相关的"争论"。不论是学术界还是公共舆论界,大家都聚焦于这一点。在之后的那几年,我持续看到学术论坛或主流舆论平台发表这个观点,从2016年到2022年都是如此。佐尔坦·伊斯特万(Zoltan Istvan)是美国的一位秉持人本主义的活动家,也是一位记者。他在2019年的《纽约时报》上发表了一篇专题文章,对这个观点进行了概括和梳理。文章的题目是《关于堕胎的争论已陷入僵局:答案会是人造子宫吗?》(The Abortion Debate Is Stuck: Are Artificial Wombs the Answer?)。这篇文章和其他同类文章一样认为,美国社会对于堕胎问题争论已久,闹得四处硝烟,而人造子宫将"解决"这个问题。女性主义者会表示满意,因为这项技术可以从孕育者体内取出胎儿,从而保护女性对身体的自主权;反堕胎人士也会如愿,因为胎儿能够存活下来。事实上,伊斯特万不久后就宣布,他打算作为独立候选人来参加2020年的总统选举。他还承诺,以后会资助人造子宫的研发，一劳永逸地终结这场"辩论"。他显然自信地认为这个提议非常新颖，但其实已有许多人提出人造子宫可能是解决堕胎"问题"的万应灵药，他不过只是其中之一罢了。

我在2016年就已了解到，从20世纪70年代开始就一直流传着这么一个观点：有了人造子宫，女性可以通过"堕胎方式"或"非堕胎方式"来把胎儿从子宫取出[1]，但法律会迫使她们只能选择第二项。生物伦理学家大多是男性，他们在作出这些推测时根本不会联想到自己的身体。他们反复提出这个说法，就好像只是在假想着腹中食物一般。但如果你自己有子宫，当你想到意外怀孕的话题，或是想到胎儿在你不同意的情况下就被取出，并被转移到人造子宫之中，那这些就不可能只是中性的讨论了。遗憾的是，在世界各地许多地方，堕胎的话题仍被视为两极分化的政治辩论。人们并没有把堕胎作为基本的医疗保健措施来讨论，也依然无法确保每个人都获得生育相关的权利。

现在，四处都流行这个说法：人造子宫可以"解决"关于堕胎的争论。这会让我们的社会如何看待堕胎手术？人造子宫真的会损害妇女的堕胎权吗？各国对堕胎的态度各不相同，保护妇女堕胎权的法律手段也有所不同。但即使在那些允许堕胎的国家，堕胎手术也受到严格监管，而且还有许多不适用于其他医疗程序的条条框框来对此加以限制。有不少学术论著和媒体报道都认为，人造子宫可以作为堕胎的"解决方案"，也可能成为挑战。其中，最热烈的那些言论都来自美国，这并不是巧合。长期以来，美国一直努力在妇女的堕胎权和胎儿的潜在生命权之间寻求平衡。而且，美国的反堕胎人士经常努力宣传其观点，也拥有政治上的影响力。我在怀孕39周时，正准备提交这本书的最终文稿。其实我在写作时就已经预料到，最高法院会推翻有关女性堕胎合宪权的"罗诉韦德案"。这个案件曾经具有里程碑式的意义。2022年6月，我把几个月大的孩子抱在怀里，读到法官塞缪尔·阿利托（Samuel Alito）称"罗诉韦德案"的裁决是一个"严重错误"，应该被推翻。这让我感到颤栗。不过，"罗诉韦德案"被推翻其实并不是突然发生的。在最高法院1973年作出判决后，局面很快就开始恶化，不过是在缓缓走下坡路而已。现在不过是终于到了道尽途穷的时刻。许多人都想对最高法院对生育权的裁决作出回应，因而法律界的学术论述中首次出现这样的说法：人造子宫可能会让堕胎成为历史。

20世纪70年代初，"罗诉韦德案"被提交至最高法院。其实，当时支持堕胎的律师和社会活动人士已经精心策划了一个计划，这只是其中的一部分。"罗诉韦德案"是战略性诉讼的典型案例。许多诉讼当事人深受当时实行的法律影响，而那些投身于生育权利运动的律师和社会活动人士一直密切关注这个群体，并寻找合适的立场来获得出庭机会。如果他们能找到这样的案子并提交至最高法院，那就有机会在法官面前申辩说，法律把堕胎定为犯罪是有失公正的。而且，他们也许还能借此机会推翻这些法律。简·罗（Jane Roe）[1]的律师团队支持堕胎，最后也正是这个

---

[1] "罗诉韦德案"由简·罗提起，她使用了化名，她的真名是诺玛·麦考维（Norma McCorvey）。

案件为他们提供了这个说明论点的机会。他们希望法院最后的裁决能够认定，把堕胎定为刑事犯罪是违背宪法的，而且侵犯了妇女的权利。结果，他们迎来了重大的胜利：最高法院同意，如果强行要求女性继续妊娠会损害她的隐私权。

律师们往往会想要创造先例，这在本质上是为了提醒法院：你已经对这一类案件有过这样的裁决，所以之后再做出不同的裁决，那就有违公平。简·罗的律师团队就这样辩称：法院曾经裁定其他个人和家庭事务都应该受到隐私权的保护，那就也应该用同样的方式来看待堕胎权。美国宪法第十四条修正案关于"正当程序"（due process）的部分规定："不经正当法律程序，任何州不得剥夺任何人的生命、自由或财产。"在其他涉及家庭事务的案件中，也有一些案件是关于人们有权拒绝自己不想选择的医疗程序。最高法院对这些案件的裁定是，第十四条修正案这一部分的内容可以被合理解释为，人们在特定问题上享有隐私受保护的权利。罗的法律团队最后成功地论辩说，人们应该可以对自己的身体作出自己的决定，而这就是人们应被保护的权利，堕胎权就是其中之一。女性应该有权"选择"自己是否终止妊娠，政府不应该干预。

终止妊娠是合法的权利，"罗诉韦德案"确立了这一点。以前妇女会因为地下堕胎手术的失败而受伤甚至死亡，"罗诉韦德案"则在美国标志着这个时代的结束。过去女性得秘密地找地方做非法手术，这种隐秘行动总会带来格外深刻的耻辱和污名。这个案件也带来了希望，人们觉得这样的耻辱感也许能从此消散。这个案件具有里程碑的意义，但又留下了错综复杂的历史影响。在最高法院，那些在"罗诉韦德案"中作出裁决的法官都谨慎又肯定地说，这个裁决并不是在回应公众对堕胎的要求。这在以后肯定会带来诸多限制。他们还明确表示，政府面临着两方的利益之争：一方是要保护孕育者的隐私权，另一方则是要保护胎儿的生命。他们为了在其中寻求平衡，就根据妊娠的几个阶段提出了一个不那么严密的框架：如果女性处于孕早期，大约是妊娠的前3个月内，此时的胎儿还不能独立地生活，那么孕育者的权利就应优先于胎儿的生命；大约从孕中期开始，各州可以对堕胎进行更为严格的监管，这些规定只要"和孕产妇的健康有合理的关联"就可以；最后到了孕晚期，也就是26周之后，胎儿被认为是"有存活能力的"，或是被认为有在子宫外生存下来的可能，"政府需要重视胎儿长大成人的生命潜力，也可以选择规范甚至禁止堕胎手术"，除非堕胎对孕育者的健康或生活来说是必要之举。

"罗诉韦德案"的裁决并不是在支持堕胎，也并未对这个问题给出简单明确的判断。这个案件没有让堕胎合法化，也没有把堕胎与其他形式的医疗护理并列看待，更没有规定每个州都有义务提供堕胎的医疗服务。而"罗诉韦德案"其实确认的是以下几条：a）人们有权选择堕胎，但不一定有机会选择堕胎手术；b）国家要保护胎儿潜在的生命权，堕胎权必须与之保持平衡。在这个案件中，律师团队努力让隐私权获得了承认，以此来保护堕胎权，这其实出于战略考虑的选择。但这也意味着，在"罗诉韦德案"发生后，那些反对堕胎的各州立法机构和联邦层次的社会活动人士能迅速采取行动，尽可能让安排堕胎手术的实际流程变得困难。从理论上来说，隐私权可以保护人们免受一些约束，政府不能规定他们能做什么或不能做什么，但隐私权也不能要求政府提供相应资源。例如，政府不用向他们提供资金来支付堕胎的费用，也无需保证每个社区都能找到做手术的诊所，也不管人们在必要时有没有能力前往诊所做手术。对于那些拥有经济和社会资源的人来说，"罗诉韦德案"保障了他们选择堕胎的权利，无需受政府约束。但对于那些没有资源来做手术的人来说，这项"选择权"实际上没有多大意义。

在保护堕胎权方面，"罗诉韦德案"存在局限性。有一个关键例子可以反映这一点，那就是《海德修正案》（Hyde Amendment）。1977 年，这个修正案在国会获得通过。反堕胎共和党人亨利·海德（Henry Hyde）倡导了这次改革，他是一个擅长发表意见的人。从此之后，该修正案一直存在，形式多种多样。2016 年，该修正案永久生效，规定只有在孕育者是因为乱伦或强奸而怀孕时，或是面临生命危险时，联邦政府的资金才能用于实施堕胎，其余情况一律禁止。截至 2022 年初春，某些州只有私人保险计划才会覆盖堕胎手术，比如爱达荷州、肯塔基州、密苏里州、北达科他州、俄克拉何马州。而在其他州，医疗保险对于堕胎的覆盖范围也受到限制，比如科罗拉多州、伊利诺伊州、肯塔基州、马萨诸塞州、密西西比州、内布拉斯加州、特拉华州、俄亥俄州、宾夕法尼亚州、罗得岛州、南卡罗来纳州和弗吉尼亚州。很多人只能自掏腰包来支付费用，否则就没法做堕胎手术，这包括美国的联邦医疗补助[1]覆盖的人员、联邦公务员及家属、军队人员及家属，还有《印第安人健康服务法案》（Indian Health Services Act）覆盖的原住民，以及监狱中的女囚。[2]

20世纪70年代，亨利·海德努力地推动《海德修正案》的通过，他当时非常清楚，想通过隐私权来保护堕胎权的做法限制很多，而他的提案恰恰利用了这一点。"罗诉韦德案"已经促使政府在妇女的隐私权和胎儿潜在的生命权之间找到了平衡，而他也继续呼吁这一点。后来，政府依然"允许"妇女作出堕胎的选择，因此能够维护她们的隐私权；但她们不能用联邦政府的资金来实施堕胎。这显然正是海德想要的效果。也就是说，虽然堕胎在法律上已经得到批准，但这项修正案导致那些依赖联邦政府资助的人几乎不可能真的有机会去堕胎，其中绝大多数都是非裔妇女、原住民妇女、低收入妇女和其他有色人种妇女。海德本人曾经这样评论："如果能有合法的手段这么做的话，我肯定想要阻止任何人去堕胎。无论一个女人是富有还是贫穷，或是处于中产阶级，我都希望能阻止她去堕胎。不幸的是，我唯一能用到的工具就是……联邦医疗补助。"

"罗诉韦德案"之后的几十年中，堕胎权获得的公众支持和政治支持在美国各个州都很不一样，各个政党的反应也差异很大。有些州的立法机构支持反堕胎法律，也持续采取措施，让堕胎变得难于上青天，甚至完全不可能。佐治亚州、密西西比州、得克萨斯州和亚拉巴马州都

---

[1] 美国的联邦医疗补助（Medicaid）是一项由联邦和州共同提供经费的医疗卫生计划，目的是为某些收入和资源有限的人提供医疗费用协助。

是如此，这些州在政治和社会方面也都有强有力的动机来反对堕胎。例如，很多反堕胎的州都通过了针对堕胎服务机构特别规定的法律（Targeted Regulation of Abortion Providers，简称 TRAP），立法机构打着为患者安全着想的幌子，通过了这项法律。医疗机构若想要实施堕胎手术则变得越来越困难。这些法律设定了一系列要求，比如实施堕胎手术的房间至少应是多大面积。这些要求其实并不是为了保护孕育者的权益，而是为了限制堕胎手术的实施。

如何阻止堕胎？反对堕胎的社会活动人士和立法机构一直在寻觅新方法。2021 年，得克萨斯州的"SB8"法案[1]生效，全面禁止女性在怀孕 6 周后堕胎。这是一项被精心打造出来的法案，而且目的明确，就是想在法案生效之前不被认定为违宪，这样就不会再被驳回。简而言之，根据 SB8 的设计，这项法案并不由州政府或州政府人员来强制执行。因为如果由这些政府人员来执行，原告便可以在实际执行之前就以违宪为由起诉这些政府人员。若有人在女性怀孕 6 周后实施堕胎，或是有任何人"故意协助、教唆或引导堕胎行为"，SB8 反而允许任何普通美国公民对这些人提起诉讼。提起诉讼的人还能要求得到赔偿，最低 1 万美元。从本质上来说，虽然州政府没有彻底禁止堕胎，因为这会违反"罗诉韦德案"的裁决，但 SB8 可以

---

[1] "SB8"又被称为《得克萨斯心跳法案》，根据此法，在可以检测到反堕胎运动人士所谓的胎儿心跳后便禁止堕胎，这一时间点通常在孕期第 6 周，而且任何人可以对违反规定参与堕胎过程的人员进行起诉。美国医生群体和女性权益群体对此法表示强烈谴责。这个法案禁止在孕期 6 周后堕胎，许多女性在这个节点尚不清楚自己已经怀孕；法案对医疗紧急情况开了绿灯，这种情况下需要出示医生给出的书面证据，但强奸或乱伦导致的怀孕无法得到例外考虑。

让得克萨斯州的每个居民都成为"眼线"。若有人实施堕胎手术，或是开车送怀孕 6 周的朋友去堕胎，那就都可能被"眼线"起诉。该法案生效后的一个月内，得克萨斯州的堕胎手术总数下跌了 60%，但后来邻州的堕胎手术却有所增加。这说明很多人离开得州去堕胎，因为在家附近已经没有办法做这项手术了，而那些有能力有办法的人就会去邻州。2022 年 6 月，最高法院对"多布斯诉杰克逊妇女健康组织案"作出了裁决。最高法院的裁定是，堕胎在美国本就不是一项宪法权利，"罗诉韦德案"提出的那些保护堕胎权的措施在以前就是错误的。在这之后，根据古特马赫研究所（一家生育政策研究中心）的预测，美国将会有 26 个州全面禁止堕胎，其中 13 个州已经提前埋置了"触发法"，这些禁令将会在法院推翻"罗诉韦德案"后立即生效。

有评论家认为，人造子宫将会给美国的堕胎权带来新的挑战。但是，"罗诉韦德案"的裁决本就有局限性，在那之后美国屡屡发生针对生育权利的攻击，而且保护堕胎权的法律一直在减少。当你考虑这些便会发现，其实这方面的权利几十年来一直在被挤压，这样的说法才更为准确。在很多地方，人们认为关于堕胎的讨论其实是要在孕育者利益与胎儿生命之间寻找平衡，那么人造子宫很可能会是下一个被部署的工具，被用来进一步限制法律范围内的堕胎。有些生物伦理学家认为人造子宫将会给堕胎按下"终止键"，他们其实对以上情形心知肚明。简而言之，如果在你身处的司法管辖区内，反堕胎阵营更具有政治影响力，堕胎权只能得到轻如薄纱的法律保护，那么人造子宫就可能会对局面构成威胁。

人们是否能依照自身意志结束妊娠？这项技术又是否会被用来进一步损害人们的这项自主权？堕胎法必须经过怎样的改变，才能让我们确保这种情况不会出现？在2018年的夏天，伦敦正被热浪侵袭。我在一间闷热的会议室里又听到一位生物伦理学家这样提问："如果真的有了人造子宫，女性是否会被允许堕胎？"他接着解释说，从伦理角度来看，因为违背女性意愿并强迫她怀孕是不公正的，所以应该允许堕胎。但如果人造子宫被投入使用，那么女性就可以把胎儿取出，转移到人造子宫，这并不会导致胎儿死亡。而且，相比堕胎，可能女性反而会感觉自己有道德义务去使用人造子宫。他还评论说，在现在的情况下，若有男性想要阻止女性堕胎，那就是有违道德的行为，但如果有了人造子宫，男女双方就有了平等的决定权。

与此同时，在会议室之外的世界里，依然有人在争取免费合法的堕胎，并且希望不用长途跋涉也能做手术。这场斗争仍在继续。在美国各地，孕育者的生育自主权正在遭受新一轮的攻击。因为特朗普上台，各州的立法机构也变得更有胆量，一步步蚕食着妇女的堕胎机会。在爱尔兰共和国，许多人为争取孕育者自主权作了长期的斗争，"废除第八修正案"[1]运动竖立起了新的里程碑。这场运动赢得了更多选票，废除了把胎儿生命看得比孕育者本身更重要的陈旧法律。阿根廷参议院则否决了一项废除限制堕胎

---

[1] 根据爱尔兰1983年颁布的"第八修正案"，只有在孕妇生命受到威胁或胎儿在出生前已经死亡等极端情况下才能堕胎，否则堕胎就是违法行为。

法的议案[1]，虽然票数之差并不大。对那些为了废除限制堕胎法而奔走呼号的社会活动人士来说，这个结果无疑是重重一击。在我所在的会议上，人们听到的是对于未来技术的思考，一切都还停留在假设层面，而这项技术的问世可能标志着堕胎权的终结。与此同时，世界各地依然存在种种堕胎限制，在没有人造子宫的情况下，人们还是会因为这些限制而面临各种风险，可能会受伤或被定罪，甚至会因此丧命。这一切都离我们很近，就像从会场飞往爱尔兰只需要坐一小时飞机就可到达。2012 年，31 岁的萨维塔·哈拉帕那瓦（Savita Halappanavar）[2]在提出终止妊娠的请求后遭拒，最终死于败血症。2018 年 8 月，一名年轻的阿根廷女性想要给自己堕胎未遂，最终因此死亡，人们只知道她的名字是伊丽莎白。就在不久之前，阿根廷参议院完成了投票，拒绝修改对于堕胎限制的规定。

在有些地方，堕胎并不合法，或是处于合法和非法之间的灰色地带。这些地方都曾发生许多孕育者死亡的事件。有些人死于自杀；还有一些人则是在医生拒绝接诊后死去，而医生拒绝提供治疗的原因是某些医疗程序可能会导致胎儿死亡。这些死亡案例原本都是可以被阻止的。更让人感觉悲哀的是，其实从 20 世纪 80 年代以来，堕胎技术就已经发展得比过去的时代更加安全了。从 20 世纪 60

---

[1] 2018 年 8 月 9 日，阿根廷参议院在当地时间凌晨以 38 票反对、31 票赞成否决了关于堕胎合法化的法案。

[2] 2012 年 10 月，在天主教信仰氛围同样浓厚的爱尔兰，时年 31 岁的孕妇萨维塔·哈拉帕那瓦怀孕 17 周时曾因背痛求医。在她提出堕胎请求后，遭到拒绝，3 天后胎儿死亡，4 天后她本人也死于败血症和器官衰竭。此事引发爱尔兰民众抗议，要求政府放宽关于堕胎的严苛规定。

年代到 70 年代，许多妇女因为技术不精的地下堕胎而死，这些故事在英美等国被那些支持堕胎人士广为宣传，目的是想要赢得民众支持，最终取消对堕胎的限制。但到了 20 世纪 80 年代，药物流产只需要用到两种药片（米非司酮和米索前列醇），口服或置于阴道内皆可。因此，终止妊娠比过去要更为安全也更加容易。现在人们只要备有这些药物，便可以在自己家里安全地用药，然后终止妊娠。然而，对那些想要自主掌控自己身体的女性来说，这依然是一项罪名，仍然有不少女性因此而死亡、受到伤害或是面临刑事上的指控。

截至 2022 年，有 24 个国家完全禁止堕胎，在任何情况下都不允许；在 42 个国家，只有在挽救孕育者生命的情况下才可以堕胎；在 56 个国家，若是为了保护孕育者的健康或生命，则允许堕胎；还有 14 个国家，堕胎权的覆盖面较广，来自不同社会和经济背景的人均可堕胎。这些就是被普遍认为拥有自由堕胎法的国家，英国也是其中之一。但是，在这其中也还有不少国家，堕胎依然在刑法的管治范围之内，英国也是如此。全世界还有 72 个国家，只要孕育者自己提出要求就可以堕胎，也就是说，她们并不需要满足某些具体条件即可获得批准。但其中许多国家对妊娠时长仍有限制，在某个时间点之后，堕胎便会有更加严格的限制，或是不能得到批准。

堕胎在具体某个司法管辖区内是否会被定罪，或是否会被允许，这都取决于当地的文化因素。比如，该地区的主导宗教是什么？这些群体又是否具有政治上的影响力？胚胎研究引发的不少争议也是同样情况。英国医学会和英国皇家妇产科学院都属于英国的主要医生协会。这些组织一直支持遵照孕育者的需要来实施堕胎，并完全取消对于堕胎的刑事制裁。在加拿大，女性在怀孕期间堕胎已被合法化，不过某些地区会有妊娠时间的限制。而且，加拿大法律为堕胎权提供强有力的保护。在这些司法管辖区，堕胎已被广泛接受，而且不再存在争议。但即便是在这些地方，政治上各个党派对于是否支持堕胎手术也依然存在分歧。菲奥娜·布鲁斯（Fiona Bruce）是一名保守党议员，也是英国跨党派议会的反堕胎组织主席。2020年，她提出了一项法案，主张为英国各地的堕胎手术加上一些新的限制。该法案在下议院的一读后就不再有任何新进展。2020年，莱斯林·刘易斯（Leslyn Lewis）博士在加拿大的保守党内部竞争领导权。他曾经承诺，会对某些堕胎程序颁布新的禁令，这也是他的竞选原因之一。在这两个例子中，这二人都利用了反堕胎的那一套神话般的说辞，把自己描绘成妇女权利和胎儿权利的捍卫者。虽然这两个案例都以失败告终，但他们都获得了其他保守派人士的支持。在2022年初夏，"罗诉韦德案"被推翻之后，我又重新翻开了这一章。我在写作时就知道，因为生育权一直都受到政治局势的复杂影响，待到此书付印之时，堕胎权所得到的法律保护又会发生变化。

不过，堕胎也并非一直都是两党之间政治辩论的话题。若能了解堕胎最开始被定为刑事犯罪的原因，就能更好地理解为什么保守派坚持要取消堕胎权。虽然有些国家的医生和公众都支持堕胎手术，但也依然有这样的保守派。在很久以前，堕胎被视为一件理所当然的事情，直到1800

年代末都是如此。虽然人们大多对婚外性行为表示不齿，在某些地方甚至严令禁止，但在意外怀孕发生时，人们也普遍认为总能找到助产士或自己社区的其他妇女来引产，然后结束妊娠。我们在第二章中曾经讨论过，女性往往会在孕期18周后的某个时间点开始感觉到胎儿在体内移动，而在"胎动"发生之前，这类做法都是被允许的，并不会被看成特别引发争论的举动。

大约从1800年代末期开始，英美两国开始对堕胎实行刑事制裁。很明显，是白人至上主义和厌女的意识形态在背后推动这一切。在西欧和美洲，优生学家们已经开始若有所指地提出，人口质量需要提高。社会上层的白人出生率开始下降，他们也对此表示担忧，并引导人们换一种新的角度来看待堕胎。与此同时，当时的医学界是由男性主导的，但妇女在怀孕、分娩以及避孕时，主要还是到助产士和其他社区护理人员那里寻求支持。因此，男性医护人员想要从这些人手中夺过权威。之所以把堕胎定为刑事犯罪，主要是为了两个目的：让男性医生来掌控生育相关的医疗护理，并让上层阶级妇女更好地扮演妻子和母亲的角色。这两个目的最终都实现了。英美两国早期禁止堕胎的程序中，还有一点能体现仁爱之心，那就是堕胎也可能是非常危险的事，如果操作者技艺不精导致手术失败，则可能会造成严重伤害。然而，并非所有堕胎手术都会造成伤害，把堕胎定为刑事犯罪并不会让堕胎手术变得更安全，反而让堕胎手术转移到地下黑市。把堕胎纳入刑法的这项举措，自始至终都是权力的体现。

在2018年那个温度过高的会议室里，那位生物伦理学家谈及人造子宫可能意味着堕胎的终结,并对这个假设做了进一步探索。他做的就是生物伦理学家的分内工作。那就像是一项富有哲学色彩的思想实验,想象如果真有了体外人工培育技术,堕胎权可能会发生怎样的变化。而且,这也不一定说明他主张禁止堕胎。但他的探索方式其实是具象的,听起来并不像是假设——如果胎儿能够不依赖母亲的身体而自己生存,然后继续成长,那么女性就可能无法保有堕胎权,并且父亲也可能因此有了同样权重的决策权。多年以来,很多人都想要给孕妇扣上罪名,让提供堕胎手术的机构越来越少,或是给女性制造障碍,让她们无法获得护理,而真正的伤害往往就是这样造成的。他们利用的恰恰就是以上这些论据,并且获得了成功,而且这还是在人造子宫尚未研制出来的情况下。这个思想实验的假设是,存在这样一个"我们",并且集体同意堕胎这个选项本就不应该存在。这背后的假设是每个人都把堕胎视为一种道德困境。依照其推测,即使是那些支持堕胎的人,如果能够找到怀孕的替代方案,同时仍能保证对身体的自主权,那他们也会想要禁止堕胎。

这些专家推测堕胎这件事会消失于未来世界,但如此评论未免轻率了一些。相反的是,我们许多人都把堕胎视为基本的医疗护理,而不是一个关系到政治或道德的问题。如果您曾经见过那些支持堕胎的运动,会看到他们都在争取自主、安全、合法且人人有机会获得的堕胎手术。或者说,哪怕您只是单纯认为每个人都应该有自己的选择权,那么您也不太可能把人造子宫视为堕胎的敌人或终结者。如果人人都能在现实生活中拥有自己身体的自主权,那才是这场斗争落下帷幕之时。那时,我们将会生活在这样的世界里:人们可以自由选择各种形式的生育医疗服务而不会因此被定罪,不必承担受伤的风险;而且每个人在按照自己的方式作出生育决定时,不会沦为政坛上惹人争议的话题。换句话说,如果堕胎不再被污名化,那么关于堕胎的"辩论"也就告终了。到了那时,堕胎就不再会被划入刑法的范畴。人们会把生育保健也当成常规的医疗保健。而我们有机会获得生育方面的医疗服务,而且这项权利能得到很好的保护,让我们可以心安理得地享受它。没有人再针对堕胎问题而发表言辞尖锐的专题、论纲或抗议文章,因为已经没有必要了。

如果站在女性主义的角度,其他事都应该以孕育者的健康和自主决定权为中心。那么,如果我们认为公众乐于看到人造子宫成为堕胎的替代方案,就会产生一些明显的问题。首先,法律学者艾米丽·杰克逊(Emily Jackson)就曾经准确地观察到:"在某些地方,堕胎是非法的,人们也没有机会做堕胎手术,但如果妇女是意外怀孕的话,她们依然不会让妊娠继续下去。"[3]在那些堕胎不合法且难以实施的地方,孕育者仍然会想方设法地终止妊娠。但她们这么做的时候,会在情感、财务、身体和法律各个方面都遭遇巨大障碍。对于那些认为体外人工培育可以"终结"堕胎的人,他们的假设是,任何打算堕胎的人都会发现,如果把胎儿转移到人造子宫中,这也是一个可以接受的选择。但只要妊娠依然是在人体内开始的,那就还是会有人想要主动结束。

想象一下这个场景。你刚发现自己怀孕了。你认为自己以后某一天可能想要有一个孩子，但你很清楚当下的情况还不适合有孩子。然后有人告诉你，如果你想终止妊娠，没问题，但胎儿会被取出来，然后转移到人造子宫中继续长大。你也不想要这样的局面，因为如果一个婴儿的生命是从你的体内开始，那你就不希望他或她转移到其他地方独自长大。如果你的孩子在未来的某一天联系你，想知道你为什么让机器来孕育他们，你该如何回答？如果他们在人造子宫中生长时又发生一些不测，而你又感到自己对此负有责任，那该怎么办？如果你和胎儿生物学上的父亲关系并不融洽，而他在体外人工培育期间声称，自己是孩子的家长，那又该怎么办？在胎儿还处在体外人工培育的过程中，那些共同的朋友和伙伴肯定想要来看看孩子的情况，你又应该如何应付？如果你在店里买东西的时候偶遇了帮你做胎儿移植的护士，那又该怎么办呢？那个在你体内开始生命的胎儿，现在正在人造子宫中生长，而这个护士又是否还在照顾这个孩子呢？

前文提到，有些人认为有了人造子宫就不再有理由堕胎，也没有必要这么做了。这个想法背后的假设是，只有当人们纯粹想在生理层面上终止妊娠，才拥有做堕胎手术的唯一合法动机。无论孕育者最后如何选择，其在作出决定时都要权衡很多复杂的因素，不只是"我想不想怀孕"这么简单。人们之所以会想要堕胎，并不能用某个原因来一概而论。更重要的是，如果把堕胎看成一项重要的医疗服务而非一个道德问题，那就要首先把"如果有人想要堕胎，就必须先为这个选择提供正当的理由"这个想法驱逐出脑袋。如果孕育过程发生在某个人的体内，那就和体外人工培育存在根本差异。因为，无论孕育者本来是不是主动怀孕，这个过程都会让其在身体和情感上产生新的体验。如果我们能把堕胎视为医疗服务，且法律也能对此表示肯定，那我们就会拥有一个灵活且能适应不同状况的法律框架。之所以能如此，是因为制定法律的人能够认识到，不同的现实状况之下，人们的需求也会变化。莎拉·兰福德（Sarah Langford）是一位具有女性主义立场的法律学者，她曾指出，把人造子宫看成堕胎的"解决方案"，这个想法是极其不人道的，因为这其实是把孕育者看成了"胎儿保育箱，而不是人"。她写道："这好比是在假设，人们可以把胎儿直接从一个保育箱（一个女人的身体）转移到另一个保育箱（人造子宫）。"[4] 如果要把孕育者的身体和人造子宫完全等同起来，那必然把她自身的愿望、需求和利益都弃之不顾。

有人认为，不论是反对堕胎还是支持堕胎的社会活动人士都会赞成人造子宫是一个很好的替代方案，因为不用像堕胎手术那样杀死胎儿。但这种想法之所以逻辑不通，就是因为他们把孕育者和人造子宫等量齐观了。从本质上来说，在实际操作中应该如何理解"选择"和"自主"？持这个论点的人对这两个概念的理解非常局限。那些保护堕胎权的组织认为，能够做堕胎手术是行使自主权的基本要求，所以才发出这样的倡导。至于那些想用人造子宫来替代堕胎的人则认为，有了这项技术，孕育者就能把胎儿从体内取出，这也是在保护其自主权（因为可以结束意外怀孕），同时也保护了胎儿的生命。但对于"选择"和"自主"这样的概念，每个人都可以有不同的理解方式。我们查阅字典，会发现上面写着"自主"意味着自治、独立或自由。而"选择"则是在行使自主权，是去选择最适合自己的行动方案。人们争论，若是有了人造子宫作为工具，那么堕胎也就失去了正当理由，也不再有必要。在这样的争论中，自主权被局限在了身体层面：人们可以作出选择，决定究竟要不要怀孕。如此一来，只要孕育者有能力选择终止或继续妊娠，那就被理解成其具备对身体的自主权。持有这些观点的人还认为，只要胎儿不再依赖孕育者的身体，那就和这个人的自主权毫不相干了。假设我们只把自主权理解为我们能选择如何对待自己的身体，但即便如此，如果我们要求孕育者把胎儿移到人造子宫里继续生长而不是选择堕胎，这件事本身就很可能对其身体造成严重伤害。

20世纪70年代至90年代，许多堕胎手术都采用刮宫术或真空吸引术这两种形式。刮宫术是一种清除子宫内腔组织的小手术。但到了21世纪10年代，大多数堕胎手术都是通过药物进行，而且往往在怀孕早期实施。我们在这一章前面已经提到过，这意味着许多想要终止妊娠的人都要在24小时内使用两种药片，随后就进入恢复期。她们只需要在自己家里就可以恢复，几乎没有什么例外。若要把胎儿转到人造子宫则需要动手术，如果认为这个过程在本质上和终止妊娠没有什么区别，这样的看法已经非常过时了。现在正在开发的人造子宫是为22周至24周的胎儿设计的。我们可以假设，即使技术逐步发展，这个阈值可能会被降低到20周、17周，甚至15周，那也还是要把整个胎儿从孕育者体内取出，然后转移到人造子宫中。不论如何，比起只需要用上两种药片，这个手术过程更有侵入性。我们可以推测，这会要求孕育者继续怀胎，等到人造子宫能保证维持胎儿的生命才可以结束妊娠。那么，就孕育者的身体自主权而言，我们能在这两种选择上看出鲜明的对比：第一种方式是让孕育者在孕早期服用堕胎药，第二种则需要被迫怀孕数周。待到胎儿可以被转入人造子宫时，孕育者可能得进行手术才行，也可能必须自己分娩。

为了便于讨论，我们再来做一个假设：未来的技术发展后，这两个选项可以被视为等同。也就是说，用药物终止妊娠只需要服用两片药，而"胎儿移植"以后可能不再是侵入性的手术。即便如此，我们还是要回到"自主"和"选择"在实际情况中的含义。如果认为"人造子宫可以作为堕胎的替代方案"，那可能还是把这两个概念看得太简单了。如果真的要保护孕育者的自主决策权，那就要赋予其权利和资源，让其在面对各种生育相关的选项时可以选择最适合自己的方式。社会不仅应该保护孕妇的堕胎权，同时还要保证其可以选择自己能够接受的堕胎方式。艾米丽·杰克逊就曾经写到，孕育者在选择堕胎时都希望自己拥有自主权，但这里的自主权不只是说"其有权让自己免受干涉，而是……每个人都应该能够根据自己的价值观、信仰和愿望来追求自己的目标"。[5] 如果有人想要堕胎，而摆在其面前的唯一选项就是体外人工培育，那这个人就没有能力根据自己的"价值观、信仰和愿望"来作出决定。这并不是说，没有人会愿意把胎儿转移到人造子宫之中，然后另选一人甚至许多人来接管照顾胎儿的任务。但是，给孕育者提供人造子宫这种选项，并不意味着如果其想要终止妊娠就必须选择这项技术。

我们生活的这个世界并不公平，即使保留胎儿移植的"选项"，同时也不完全取缔堕胎，还是可能会造成重大伤害。我们已经在过去的几章中探讨过，想要创造出行之有效的人造子宫来造福新生儿护理，这是困难重重的任务；而且任何体外人工培育的技术都可能成本颇高，应用范围也很有限。人造子宫到底有没有可能完全取代堕胎手术？这需要我们在推测层面迈出一大步。人造子宫技术尚且不太可能在那些父母想要生下来的早产婴儿身上得到普遍应用。如果要让每个想堕胎的人都能用到人造子宫，那更是难上加难。如果把胎儿转移到人造子宫里最终只能作为堕胎的替代方案，那么最可能出现的情况是那些社会阶层越高的人越有机会用到它。

在加拿大这样的司法管辖区，在孕期任何时间堕胎都是合法的。但即便是在这样的地方，各地的人们做堕胎手术的途径也依然不均等。在某些省份，只有很少的诊所提供堕胎手术，那些住在农村和偏远地区的人们必须经过长途跋涉才能抵达诊所。因此，人们做手术的机会不仅受到法律方面的限制，地理和经济方面的限制也起着决定作用。如果人们在堕胎之外还有人造子宫这个选项，那我们应该又会看到现在的情况在未来重演，获得医疗服务的机会依然不会平等。如果某个司法管辖区的立法机构反对堕胎，那他们也许会提供人造子宫，但并不会给想要堕胎的人提供做手术的途径。只有那些有资源的人可以找到机会，按照自己想要的方式来终止妊娠；其他人也许就只能使用人造子宫，或是去其他地方终止妊娠，或是冒着受伤或被定罪的风险来给自己堕胎——孕育者会被迫在这几个可能性之间作出"选择"。医疗系统对于某些特定人群监管过度，却又照顾不足，包括那些非裔和原住民妇女、有色人种妇女、社会经济地位较低的妇女、年轻女性、酷儿及跨性别者，以及那些非二元性别者。他们在寻找堕胎途径的过程中往往障碍最多。作为堕胎"替代方案"的人造子宫对他们则又会是新的障碍。现在的不平等状况会愈演愈烈。那些手中资源最多的人会有更多的选择，大可以选择自己更有偏好的堕胎方式。而那些资源最匮乏的人会发现，自己要么继续怀孕，要么只能使用人造子宫，但全都是不得已而为之。

当然，我们还必须思考这样一个问题：那些被送去体外人工培育的孩子，之后究竟会经历什么？不论他们被从母亲身边带走时是自愿还是被迫，母亲最初都不想生下他们。之后由谁来负责照顾这些婴儿？他们会被收养吗？他们在被孕育到哪个阶段时，就需要开始着手寻找他们未来的养父母？那些孕育他们的人造子宫会被安置在哪里？如果中途出现问题，谁又能承担责任？人们总是觉得怀孕就像是找一个容器来放置婴儿那样简单，所以也可以明显感觉到人们对怀孕这件事有点不屑一顾。评论家认为，如果孕育者不想继续妊娠，可以直接把胎儿转移到人造子宫中。但应该由什么人或什么机构来承担责任？这个问题相当重要，但这些评论家却闭口不谈这个问题，他们的沉默让人疑窦丛生。事实是，无论是在人体内生长，还是转到人造子宫内，胎儿始终都不是一个独立的个体。有些人认为，人造子宫可以让胎儿被视为独立自主的生命，成为拥有完整权利的人。遗憾的是，这种想法其实反映着我们的文化背景：人们总认为照料婴儿显然是更适合女性的工作，同时又觉得其中蕴含的工作量不值一提。

为什么人们在谈论人造子宫时总会轻而易举地作出假设，认为只要孕育者的身体状况不会妨碍胎儿成长，胎儿就能被视为一个独立的人？生物伦理学家彼得·辛格（Peter Singer）和迪恩·威尔斯（Deane Wells）的著作就很好地反映了这种逻辑。人们通常认为，就是这二人在20世纪80年代首次提出了人造子宫将会终结堕胎的论点。他们写道，通过强行取出胎儿，放入人造子宫，"这项技术既完成了堕胎，又采用了不会伤害胎儿的方式，并且胎儿或新生婴儿还可以被别人收养"。[6] 对于辛格和威尔斯来说，如果胎儿已经从母亲的子宫中取出，就是一个"新生婴儿"，也就成了一个具有法律主体地位的个体。但即使"胎儿"被转移到了人造子宫内，那也还不能算是"婴儿"。

胎儿仍处于发育之中，必须经历这个过程才会逐步有能力在子宫外生存。胎儿完全依赖这个孕育的过程，否则无法继续存活。胎儿仍在体内生长时，是孕育者在提供其所需的一切，让其继续存活。当胎儿被转移到人造子宫内之后，提供照顾的就不只是技术，还有许多人也要参与其中，包括护士、医生和技术人员。我们可以想象，人造子宫可能在未来某个时刻能完全复现人类妊娠，但可能还是全程都需要某种形式的人工监督。当那些胎儿以体外人工培育的方式成长，谁能在这个过程中照顾他们呢？

根据世界卫生组织的估算，每年都有4000万到5000

万例堕胎手术在世界各地发生。从这个数据可以算出，大约每天就有 12.5 万例手术。因为很多人一直都只能以非法的方式堕胎，所以实际数字可能要比这更高。那些孕育者不想生下来的胎儿应该怎么办？这个问题涉及范围很广，我们不能简单地假设找人来领养这些孩子就可以解决问题。有的孩子可能会有其他长辈或家庭成员主动照料，但也有可能发生这样的情况：婴儿一旦足月，就根本找不到人来接管。如果真的要用人造子宫来孕育每一个这样的孩子，那就需要投入大量基础设施的资源，不论是硬件方面还是人力方面都是如此。是应该让政府来担任他们的监护人，还是必须在胎儿转移到人造子宫之前就先找好一名看护人？这些问题都会引发种种情绪，但那些想用人造子宫取代堕胎手术的乐观主义者忽略了以上的每一个问题。这说明这些作者大多并未仔细考虑如何孕育胎儿，以及如何照料刚出生的婴儿。

这也说明他们对于孕育者决定是否继续妊娠时的权衡因素并未多加思考。也许在很多人的设想中，孕育者要考虑的那些因素都很容易落实。这恰恰也说明我们生活的社会并未承认怀孕和为人父母其实是多么艰巨的工作。而且，这些任务通常只能由孕育者在没有外部支持的情况下独自完成。世上总有那么多怀孕的人和为人父母的人在苦苦挣扎，如果我们就简单地假设胎儿在人造子宫中能得到照顾，那么这个假设和现实情况之间就形成了残酷的落差。在当今世界，那些外来移民、非裔或原住民、工人阶级父母的孩子不仅得不到外界支持，而且还经常被施加暴力。如果我们简单假设可以把体外人工培育作为一项社会公益设施来建设,然后那些本来会被流产的孩子就可以长大了,这样的假设实在是有点瞒心昧己。

2020年,英国政府中的保守党势力取消了学校儿童的免费午餐。他们拒绝继续投入资金,并对此举沾沾自喜,但有些孩子如果没有免费午餐就只能忍饥挨饿。也是在那一年,美国至少有545名儿童的父母被驱逐出境,这些孩子在被迫和父母分开后就失踪了,政府再也未能记录到他们的任何信息。就在最高法院推翻"罗诉韦德案"并取消堕胎权的那个月,美国各地的人们都买不到婴儿配方奶粉,想要喂养婴儿都成了难事。哪怕是在世界上某些经济最发达的国家,政府也还是在以令人难以置信的方式伤害少数族裔群体,那些孩子和父母都深受其害。如果把胎儿转到人造子宫中,以此来保下那些本来会被流产的胎儿,这并不是对生命的尊重,也不是在"拯救"这些孩子。现在那些反堕胎人士总觉得人造子宫是一个很不错的"解决方案",可如果他们真正看重的是生命,或是想要救下"孩子",那么他们就应该先去保护社会上已经存在的孩子,共同为他们争取利益。那些孩子的父母已经没有什么途径能保证孩子存活,他们之中还有不少是政府暴行的受害者。但那些反堕胎团体并不会这样做,因为他们的运动并非为了孩子,而是为了控制女性的身体。

如果把人造子宫作为堕胎的强制替代方案,会在哪些方面破坏孕育者的生育自决权?只要考虑一下这些就足够了。有些人似乎只关心胎儿的潜在生命权,但他们若能考虑这个问题,应该也会有新的反思。虽然胎儿还不是真正意义上的人,但最终可以长大成人。当你面对那些通过体外人工培育出生的婴儿，你该如何对他们作出解释呢？你是否要告诉这些孩子，他们之所以没有父母，是因为他们的父母原本计划堕胎，但后来迫于无奈才把他们转移到人造子宫里？

加州大学旧金山分校的一个团队在 2010 年启动了一项名为"拒绝"（The Turnaway Study）的纵向研究，主要关注美国妇女想要堕胎时被拒绝的经历。2018 年，其研究结果被公布。研究人员估计，美国每年约有 4000 名女性在想要堕胎时遭到拒绝。其中还有一个结果让人惊讶：90% 的女性没有选择让人收养自己的孩子。这个结果反映的事实其实我们早就应该心知肚明：让妇女生下孩子后送人收养和允许妇女堕胎并不是一回事。那些想要堕胎的人会怎样看待人造子宫这个替代方案？这项研究的结果也让我们可以窥探一二。毕竟，人造子宫不是真正意义上的终止妊娠，反而和找人收养孩子更为类似。但如果有些女性想要堕胎却遭拒，只能生下孩子又找人收养，那些被收养的孩子是否有权知道自己从哪里来呢？在美国各地，很多被收养的孩子在成年之后就团结起来，想要争取对自身生世的知情权。但对那些和亲生父母一起长大的孩子来说，这是理所当然的权利，根本无需争取。这项知情权包括知道你自己的亲生父母是谁，以及自己是否还有亲戚活在世上，他们也还可能想认识你；还包括你能看到自己的出生证明和收养记录，还能了解你的家人有过怎样的医疗记录和社交历史，这些都可能会影响你生活的方方面面。同时，你还能了解那些和你有血缘关系的亲属曾在怎样的文化环境里生活，你被收养时是怎样的具体情况，你家族里是否有代际创伤，又是否有什么遗传特征可能会影响到你和你未来的孩子。有些人可能不想要知道这些。但是，任何人被收养时的情况往往都很复杂，有时那些把孩子送去收养的父母是被逼无奈。如果我们擅自假设所有被收养的孩子都不想了解这些，那对他们来说并不公平。那些从人造子宫出生的孩子是否会被告知，他们的生物学父母曾有机会选择是继续妊娠还是要转移胎儿？你可以试想一下，当你想要搜寻信息去了解自己如何来到这个世界，却发现自己的亲生父母其实想要堕胎，是在被拒绝之后才通过体外人工培育的方式让你生了下来，你又会有什么感觉？

很多法律学者、报刊评论员和政客都宣扬人造子宫可以作为堕胎的替代方案。若要直接批驳他们其实并非难事，因为本来就很难忍住不去一吐为快。从我们已经探讨过的原因来看，如果要把堕胎看成一种医疗服务，这样的替代方案是绝不可能被接受的。那么，我们为何还要考虑他们的观点呢？不管这些说法如何引人生厌，不幸的是这些人的话在某种意义上依然有正确之处，因为人造子宫的确会对保护堕胎权的法律发起挑战。只要是在那些堕胎仍受刑法管辖的地方，或是法规中明确规定堕胎不属于关键性人权的地方，就会出现这样的状况。这并不意味着我们在开始使用人造子宫技术后就应该同意对生育权划定限度。与之相反，这说明在许多国家堕胎权尚未得到充分保护。

在各地社会背景下，法律对堕胎的态度也千差万别。人造子宫是否会给某个司法管辖区的生育权带来威胁，是由许多特定因素组合在一起才能决定的。这些因素包括：

堕胎是否在刑法的管辖范围之内？是否因为假定胎儿有能力独立生活，就会对堕胎手术有所限制？当下的政治、文化和法律又都对堕胎抱有怎样的态度？在某些完全禁止堕胎的地方，比如多米尼加共和国、伊拉克和埃及，人造子宫应该不会对堕胎权造成什么影响，因为这项权利尚未进入法律的保护范围。但在某些地方，堕胎在某些特定情况下是被允许的，但依然受刑法的监管，那么人造子宫就可能会冲击堕胎权的法律保护。

人造子宫应该在几年之后就会开始人体试验。我写下这些文字的时候，正是 2022 年的春天。我在这个时间点的推测是，即便人造子宫中生长的胎儿无法存活，只要美国法律始终在孕育者的隐私权和胎儿的生命权之间权衡利弊，各州就还是会用这项技术来限制堕胎。最高法院在"计划生育联盟诉凯西案"[1]中再次强调：各州可以在整个孕期都体现出对胎儿生命的重视，甚至孕早期也一样；而且各州可以开始对堕胎采取州级的限制。最高法院为了阐明这种平衡，制定了"过分负担"（undue burden）标准，认为"因为存在过分负担，如果一项法律的目的或效果是要在胎儿具备存活能力之前就给妇女堕胎设置重大障碍，则该法律无效"。换句话说，各州可以在胎儿具备存活能力之前限制堕胎，只要这些限制不会给孕育者带来

---

[1] 1992 年，联邦最高法院受理了"计划生育联盟诉凯西案"。这是美国堕胎斗争历史上的第二件大案。该案再度确认女性堕胎权，并且以胎儿存活能力为标准，取消了"罗诉韦德案"中确立的妊娠期框架，进一步放宽女性堕胎的时间限制。最高法院裁定，在胎儿具备母体外存活能力（通常是怀孕 24 周）前，孕妇享有堕胎权。不过如果科学技术发展，胎儿母体外存活时间提前，则享有堕胎权时间也随之缩短。

"过分负担"。如果在胎儿具备存活能力之前就完全禁止堕胎，那就会给想要堕胎的人设置重大障碍。但即使胎儿能在人造子宫中存活还只是一种可能性，而非板上钉钉的事实，也可能会导致这样的局面：在那些立法机构反对堕胎的州，过去那种导致胎儿死亡的堕胎会遭到禁止。如果原则上可以使用人造子宫，即使在实际操作中不一定能实现，这种禁令哪怕在孕早期也不会在法律上被视为重大障碍。因为从理论上来说，想要堕胎的人也还有把胎儿转到人造子宫的这个选项。这其实和许多州现在采取的措施一样，实际会导致想堕胎者在当地根本没有机会做堕胎手术。

2021年，埃米·科尼·巴雷特（Amy Vivian Coney Barrett）[1]上任，这些问题变得更为迫在眉睫。这时美国最高法院的在任法官中，持有反堕胎立场的法官占了大多数，双方比例为6∶3。2022年4月，最高法院正准备确定美国的合法堕胎权该走向何方。"多布斯诉杰克逊妇女健康组织案"涉及密西西比州实施的几项措施，包括妊娠15周之后完全禁止堕胎，这些措施都导致堕胎几乎变得完全不可能。之前的"罗诉韦德案"已经对堕胎权有所规定，而"凯西案"则是对堕胎权的再次确认。但这次的"多布斯案"提交最高法院之后，占了多数的保守派迅速推翻了之前这两个案件的先例。其他对此持有异议的法官都承认，最高法院其实从未真正承认堕胎权在美国是

---

[1] 埃米·科尼·巴雷特（1972— ）是在任的美国最高法院大法官，也是最高法院大法官中第5位女性。2020年9月，总统特朗普提名巴雷特为美国最高法院大法官，距离2020年总统大选只有38天，因此她的提名备受争议。巴雷特被认为是最高法院保守派的一员。

一项任何人均应享有的基本权利。相反，最高法院真正想要维护的是孕育者和胎儿双方的权利平衡。随着"多布斯案"的裁决出炉，索尼娅·索托马约尔（Sonia Maria Sotomayor）[1]、艾蕾娜·卡根（Elena Kagan）[2]和斯蒂芬·布雷耶（Stephen Gerald Breyer）[3]三位法官曾写下他们的意见："法院已经把这种平衡抛到了一边。法院表达的是，从受精发生的那一刻开始，女人就不再拥有任何发言权。"

如果人造子宫技术会在未来对堕胎权造成威胁，这个可能性确实让人觉得难以接受，但同时它也是可以避免的。重要的是，我们要了解生育权在历史不断推进的过程中是如何持续受到侵蚀的，尤其是在美国这样的地方。同时，我们也要脚踏实地，认识到这样一个事实：在某些地方，很可能会有人利用人造子宫来进一步侵蚀生育权。"多布斯案"的裁决就是一个让人侧目的例子。这说明如果我们不多加注意，人造子宫之类的技术可能会引导我们踏上一条暗淡的前路。若我们能在这项技术问世之前就了解这些，也许就有机会制定策略来保护生育权。在某些国家，

---

[1] 索尼娅·玛丽亚·索托马约尔（1954— ），美国最高法院大法官。在法庭中，当意见泾渭分明时，索托马约尔一直支持自由派势力。她于2009年5月26日被巴拉克·奥巴马总统提名，自2009年8月8日起任职。索托马约尔是最高法院的第一位西班牙裔和拉丁裔成员，是美国最高法院第111位大法官，亦为美国最高法院第3位女性大法官。
[2] 艾蕾娜·卡根（1960— ），美国最高法院第112位大法官，同时也是该法院历史上第4位女性大法官。她被认为是最高法院中温和的自由派之一。
[3] 斯蒂芬·杰拉尔德·布雷耶（1938— ），美国律师、法学家和法律学者，前美国最高法院大法官。他曾是最高法院的自由派大法官之一，于1994年5月17日由比尔·克林顿总统提名，自1994年8月3日起任职；2022年6月30日，布雷耶退休卸任大法官，由乔·拜登提名的凯坦吉·布朗·杰克森接替。

只允许在严格规定的范围内堕胎，孕育者和医务人员若跨越了这些准则，都可能因堕胎手术被定罪，社会上也还存在对堕胎话题的强烈反对情绪。在这些地方，人造子宫技术会带来法律上的挑战。

某些评论家总想向大众传递这样一个观点，人造子宫不论在哪里都是对堕胎权的考验。但是，这个观点也不可尽信。即使是在美国，还是有一些州的立法机构大体上保有支持堕胎的立场。若是在加利福尼亚州、俄勒冈州和康涅狄格州，整个孕期都允许堕胎。在纽约州，在支持生育正义的社会活动人士推动之下，《生殖健康法案》（Reproductive Health Act in）于 2019 年 1 月通过。该法案规定，堕胎不会构成犯罪，人们可以自主选择要不要终止妊娠。美国各地的活动人士、政治家和医务工作者认为"多布斯案"裁决并不公正。截至这本书付印之时，他们已经采取各种各样的策略，来对这项裁决表示反对和抨击，并希望能保护妇女有获得医疗服务的机会。各个司法管辖区的法律不同，针对堕胎的监管方式也存在明显差异。若想要确切知道人造子宫是否会损害生育权，我们也需要更全面地考虑社会、法律和政治方面的态度，这些因素也很重要。

以英格兰、苏格兰和威尔士为例，根据 1967 年《堕胎法》（Abortion Act），如果"导致流产"的行为不符合法律规定的具体指导方针，那就依然属于刑事犯罪。虽然在人们的印象中，英国的堕胎应该已经不会和刑法相关联，但 1967 年《堕胎法》并没有规定堕胎的合法性，而是根据几条陈年旧法规定了在哪些例外情况下要对堕胎进行刑事定罪。英国普通法系几十年来一直将堕胎定为犯罪行为。英格兰、威尔士和北爱尔兰于1861年颁布了《侵犯人身罪法》(Offences against the Person Act),根据其第58条规定,若有妇女"非法对自己使用任何毒药或其他有毒物品"来堕胎,或是协助另一人来堕胎,即构成法定犯罪。1929年出台的《婴儿生命(保护)法》[Infant Life (Preservation) Act]的第一节和《侵犯人身罪法》一样,规定对"原本可能活着出生"的胎儿进行堕胎属于犯罪行为,除非这是真心诚意地想要保护孕育者的生命。1967年《堕胎法》规定,如果实施堕胎手术的是一名注册医生,或是两名医生都诚实地达成一致,认为此人怀孕未达24周,那么孕育者本人就不构成犯罪。医生们还必须都同意以下几点:"和终止妊娠相比,继续妊娠会带来更大的风险",而且可能会伤害孕育者及其孩子的精神或身体健康;为了保护孕育者的健康或生命,必须终止妊娠;最后一点则是,婴儿很可能一出生就夭折,或是很可能出现严重畸形。[7]

根据20世纪60年代通过的法律,妊娠28周就是允许堕胎的时间上限。在这之后,对堕胎的监管变得更加严格。后来堕胎依然在法律允许的范围内,但只有基于最后两个理由才可以。新生儿护理已经改善,这是否意味着胎儿生存能力的阈值不同以往?生存阈值又在多大程度上发生了变化?人们对这些问题有过旷日持久的争论。在那之后,英国议会在1990年赞成将堕胎的时间限制前移到妊娠的24周。

在英国可能会发生这样的状况:人造子宫也许会影响新生儿通过医疗手段的存活能力,人们可能因此重新审视

24周的限制，并再次将其调整到妊娠更早的阶段。因此，在孕早期申请堕胎手术就会受到更严格的限制。把胎儿转移到人造子宫和堕胎哪个损害更大？可能会有一些执业医生无法对这一点达成一致。但是，又必须有两名医生来确认孕育者符合法案中的规定才可以实施堕胎手术。如果有人成功论断说，把胎儿转移到人造子宫和继续妊娠的风险相当，甚至风险更低，那么就可能会有实施堕胎手术的医生面临刑事指控。即使大部分医生支持保护堕胎权，上述情况也还是可能发生。

也正是在这种时候，我们能看到关于堕胎的各种社会政治思潮会造成何种影响。在英国，绝大多数医务工作者和政界人士都公开地支持堕胎合法化，并呼吁给予孕育者更大的自主权来作出堕胎的决定。在英格兰、苏格兰和威尔士，长期以来都有针对堕胎的明确监管框架，这说明在很多地方堕胎都被视为一个政治问题，虽然在某些地区依然存在反堕胎情绪，但政府对此已经给出一锤定音的方案。除非英国的社会和政治环境发生翻天覆地的变化（当然也存在这种可能性），否则我们不太可能看到人们大规模地支持人造子宫来作为堕胎的替代方案。尽管英美目前存续的有关堕胎的法理学依据可能会导致人造子宫在法律上威胁到堕胎权，但英国的大环境不同，所以堕胎权还是不太可能在法律上受到挑战。话虽如此，但如果我们仍能看到人造子宫让孕育者和医生面临被刑法制裁的可能性风险，这种后果依然是理所不容的，哪怕这种可能性很低。如果是在那些依然把堕胎归为刑法问题的国家，人造子宫还是有可能会损害人们的生育权。

2020年的新冠肺炎疫情期间，政府允许人们在远程医疗服务中获得堕胎药，这是在一众医疗保健机构和慈善机构的游说之下才得以实现的，英国孕产咨询服务中心也出了一份力。根据1967年《堕胎法》的要求，所有想要堕胎的人都必须前往通过了政府批准的医疗机构才行。后来，政府作出重新认定，把居民房屋也暂定为经批准的医疗机构，这是为了让人们能通过远程医疗来堕胎。尽管之前的那些倡导者都希望能把这项变化延续下去，但政府还是在2022年宣布要回归疫情之前的方式，也就是说，人们在堕胎之前必须先咨询临床医生，而且两剂药中的第一剂必须在医院或诊所服用。威尔士则决定把疫情带来的这一变化保留下来。英格兰直到2022年也还是不愿这样做，这说明政治和社会上依然存在某些势力，想要继续把堕胎管制作为对女性身体的控制手段，毕竟只有女性身体具有生育能力。在目前的法律框架之下，那些发现自己意外怀孕的人依然生活在风险之中。在2022年的夏天，英格兰有2名妇女使用药物来终止妊娠，之后便面临着关于堕胎的刑事指控，而且可能被判无期徒刑。根据英国孕产咨询服务中心的数据，在过去8年中，至少有17名女性因为堕胎而被警方调查过。如果人们在堕胎这件事上不遵守政府的具体规定，就必须受到惩罚，这种做法不仅居高临下，同时还充满恶意。只要人们还是没有对堕胎和其他形式的医疗服务一视同仁，那些想要堕胎的人依然可能陷入无路可走的困境。

为了预防人造子宫问世之后对现有情况造成冲击，应该如何在法律上重新界定、限制堕胎权？许多年来，法律学者和生物伦理学家都曾提出各种方法，比如重新定义胎儿的生存能力，也就是胎儿在没有任何外界干预的情况下所能达到的生存能力；保护财产权，或是把生物学上的亲子关系作为一种权利；基于身体自主权，把对于堕胎的辩护延伸到更广的范围，保证其在体外人工培育的情况下仍然适用。若是在那些堕胎仍被视为犯罪的地方，以上任何一项都可以作为维持现状的法律策略。在人造子宫可能威胁到生育权利的情况下，上述每一种策略都可以有效地为生育权利提供一定的法律保护，但这些策略也都存在风险，有可能被人如法炮制地变成对生育权利的限制，导致这些权利成为首当其冲的攻击对象。

人造子宫并不是问题所在。问题在于，堕胎在某些国家仍然被塑造成需要进行法律辩护的事情；问题在于，依然有人害怕妇女会拥有自己身体的决定权；除此之外还有遗留下来的家长式作风，这些法律也正是建立在这样的基础之上。法律能提供的解决方案是有限的，在未来也只能为生育自由勾画出狭窄的发展空间，或是只能把堕胎列为刑法管理之下的事务，而我们并不需要这些。我们不需要有任何法律来监管我们如何生育。相反的是，我们需要让堕胎合法化，将其视为重要的医疗服务，并确保人们能安全、就近地完成堕胎手术，而且不会受到文化上的任何抵触。在世界各地，人们获得堕胎的途径都应得到保护。只有当堕胎可以获得这方面的支持时，人造子宫等保护早产儿健康的技术才不会影响人们的生育权。

加拿大的例子就极具参考价值。诚然，社会上依然有反对堕胎的声音，而且在加拿大的许多地区，人们的堕胎途径依然相当受限,这让人觉得很难接受。但是,加拿大政府规定堕胎是合法的,在孕期任何阶段都是如此。加拿大政府从未明确表示过,要让胎儿潜在的生命权和孕育者权利两相竞争。加拿大是通过"摩根塔勒案"确立堕胎权的。该案于1988年提交至最高法院。摩根塔勒(Morgentaler)博士是魁北克省的一名医生,他和同事们一直给妇女提供堕胎服务,这违背了加拿大《堕胎法》(Canadian Criminal Code)第251条的规定。根据该条规定,提供堕胎服务是一项可被起诉的犯罪,除非有医院的委员会一致同意,继续妊娠可能会导致这名妇女健康受损甚至死亡。

摩根塔勒已经上过一次法庭了。就像"罗诉韦德案"中罗的法律团队想要把堕胎被定为刑事犯罪这一事态搬上最高法院进行讨论,摩根塔勒及其合作者也希望,如果他们能有机会把这场诉讼推至最高法院,这项针对堕胎的禁令就有可能被裁定为有违公正的。最高法院最终同意,如果需要医院委员会批准才能堕胎,这项要求侵犯了《加拿大权利和自由宪章》(Canadian Charter of Rights and Freedoms)第7条所规定的妇女权利。该宪章规定:"每个人都有生命、自由和人身安全的权利,此项权利除非依照各项基本的司法原则,否则不受剥夺。"此外,法院还宣读了三条代表多数人看法的意见,还有三位法官分别作出自己的解释,说明这些针对堕胎的限制究竟在哪些方面违反了加拿大宪章。在三条代表多数人的意见中,有一条是伯莎·威尔逊(Bertha Wilson)法官提出的,"在关于生育选择的法律裁决中,这一条是最常被援引并用来支持其他法律领域中生育权的意见"。[8]她也是当时法庭上唯一的女性。威尔逊法官的意见后来在各种法律案例中被频繁引用,这都进一步说明加拿大在广泛地保护堕胎权。她写道:"生育或不生育的权利……应该得到正确的看待,现代女性一直在努力奋斗,维护她们作为人类个体的尊严和价值,生育或不生育的权利是这场斗争不可或缺的一部分……[根据加拿大《堕胎法》第251(4)条],她的确被视为了一种实现目标的手段,她并不渴望背后的目的,却又无法控制这个过程。"

"摩根塔勒案"的判决对堕胎权表示肯定,这既是保护人身安全(即"个人的身心健全"),也是保护个体的自由,这是指国家"会尊重个人的选择,尽可能不让个人必须遵从任何一种对美好生活的定义去作出选择"。根据加拿大的法律,堕胎在整个孕期都是合法的,这意味着人造子宫对堕胎权不会造成直接的威胁。如果我们能把堕胎权的问题和自由挂钩,放到更大的范围内进行讨论,那么即便反堕胎组织者想要以人造子宫的引进为由,在某些案件中反对堕胎,他们在法庭上也可能一筹莫展。人们可以如此辩护:如果要求孕育者把胎儿转到人造子宫内而不是做堕胎手术,这并未对其人身安全构成严重的侵犯。但如果要求孕育者使用人造子宫却又不允许其堕胎,那就确实可以被视为对其自由的侵犯,因为这项选择其实屈从于某一种"美好生活的定义",同时还挑战了孕育者"作为人类个体的尊严和价值"。

加拿大对堕胎权的保护也并非尽善尽美。在加拿大的许多地区,人们依然很难获得各类生育医疗服务。在阿尔伯塔省和曼尼托巴省之类的省份，城市地区的居民可以获得堕胎服务，但在偏远或农村地区则很难。在新斯科舍省、爱德华王子岛和新不伦瑞克省等其他地区，堕胎服务不会提供给已经怀孕 12 周至 16 周的人。也会有人在怀孕 20 周后仍需要堕胎，不过这种情况很少见，在所有堕胎案例中占比不足 2.5%。在整个妊娠期都提供堕胎服务的城市只有 3 座，人们必须去其中某一座城市才能堕胎，有些人还会选择前往美国。堕胎服务依然不够普及，而且人们有时需要前往其他地方，并且自掏腰包来支付堕胎的费用，这是加拿大做得还不够好的地方。我们已经在前面的章节中思考过，人们具有合法权利去做某事，仅仅如此还不足够：为了让这份权利显现出意义，人们还需要获得配套的资源和社会支持，然后才能实实在在地行使权利。

但加拿大的例子还是告诉我们，在那些堕胎脱离了刑法制裁的地方，人造子宫不一定会威胁到保护堕胎权的相关法律。在这种情况下，堕胎权的相关法律可以保护孕育者，使其不致背负刑事上的罪名。如果堕胎在法律上被视为医疗保健服务，既不被污名化，也不被刑法定罪，那这种在法律上保护堕胎权的方式就已创造了最低限度的必要条件。在这种情况下，人造子宫的出现不太可能让堕胎在法律上受到更多限制。这是加拿大的社会背景下对生育权的保护，但我们需要的还不只是这些。我们需要更加普及的堕胎途径，也需要社会积极地保护这些堕胎的机会；我们还需要在本地就可以享受到的堕胎服务，这不仅要适应本地文化，还要围绕孕育者的自决权展开。

2013 年 7 月，在印第安纳州的南本德市，一位 33 岁的女性走进了一间急诊室。她就在这座城市居住，在自己家的餐厅里工作。不久之前，她给一位做护士的朋友发信息，问起关于引产药的事情。她到医院时已经在大出血，并且告诉医生说自己流产了。她很害怕，痛苦万分，想来寻求帮助。她解释说，因为自己当时不知道该怎么办，就把残留的胎儿组织丢进了垃圾箱。正是因为她当时把一切都坦诚告知了医务人员，最终导致警方调查了她的通话记录，并找到胎儿残骸，然后根据2009年印第安纳州的一条法规，把她关进了监狱。那位和她交谈的主治医生是热切的反堕胎人士，正是他给警方打了电话，还陪同警方去了她丢下胎儿残骸的地点，最终导致这位女性被定罪。她之所以受审，是因为两项（相互矛盾的）指控：杀害胎儿和疏忽儿童。一个人怎么可能既杀害腹中胎儿，同时又疏于照顾已出生的婴儿，而且还因为这两个原因而被指控呢？

那场庭审可谓旷日弥久。辩方律师坚持说，当时之所以通过这项法规，是因为出现过孕妇遭受暴力导致胎儿死亡的案件，给孕妇自身定罪本来就不是制定该法规的目的。辩方律师还解释说，胎儿估计已有23周至24周大小，出生时就是死胎，因此不能判定说他们的当事人犯了弑胎罪。检方想要争辩说这名女性曾试图引产，而胎儿生下来时并未死亡。17世纪曾出现"肺漂浮测试"，被用作杀婴案件的鉴定方式。检方律师团队为了对这个案件进行辩护，还用上了这个测试。这个测试的背后是一套诡异的逻辑，在20世纪初便已有了许多怀疑的声音。测试假定呼吸过的肺就会通气，所以会漂浮在水面上，而从未接触过空气的肺则会沉入水中。检方律师声称，因为这个胎儿的肺漂浮在水面上，所以胎儿出生时一定还活着，用肺呼吸过空气，而且是在被遗弃后才死亡。尽管任何爱惜羽毛的科学家都不会把这个测试结果当真，但这依然被认定为证据，说明胎儿当时已有存活能力，并曾经有机会存活下来。

根据印第安纳州的法规，如果妇女曾经尝试堕胎，即使最后未能成功终止妊娠，也依然可能被控杀害胎儿罪。如果在印第安纳州想要获得这位妇女服用的那种堕胎药，是可以由医生开具处方的，但因为她是自行服用药物，所以还是被判处杀害胎儿罪。因为检方律师同时还控诉她尝试堕胎却最终失败，所以她还因疏忽儿童罪而被起诉。最后，她被判处在联邦监狱服刑20年。在她入狱1年后，她的律师团队对这个案件提出上诉，并取得了某种程度的成功。上诉法院撤下了对她杀害胎儿的指控，对疏忽儿童罪的指控也作了减刑处理。

她是在印第安纳州被定罪的，这个州承认"罗诉韦德案"，而且生育权利也受到法律保护。这个例子恰恰说明，如果女性手中只有有限的法律权利，能够不受政府干预去"选择"堕胎，这依然是不够的。我们需要的是能够自由选择且对公众开放的堕胎医疗服务，以及其他各种形式的生育护理，还要保护这些权利不被污名化。而且，我们还需要确保孕育者在获得这些服务时可以不被定罪。

"罗诉韦德案"的确有实际效果，但对每个孕育者的影响存在差别。虽然这个框架保护人们选择堕胎的权利，但这项合法权利依然很有限。而且，这个框架并不要求各州在实际操作中提供堕胎服务。"罗诉韦德案"的局限性在于它主要还是用来保护那些掌握着社会资源的白人女性。"罗诉韦德案"被推翻后,在那些被定罪、被剥夺重要医疗机会的孕育者中,依然有绝大部分都是黑色或棕色皮肤,年轻人、外来移民、低收入者的占比也很高。如果在这种情况下开始使用人造子宫,这一切也不会有任何改变。如果有任何政策要求人们使用人造子宫,却又不允许终止妊娠,那么最受冲击的依然还是这些已被边缘化的群体。

长期以来,世界各地的社会活动者、组织者和进步派律师都在努力重新构建关于堕胎的讨论,希望人们能把堕胎服务视为医疗保健,这是一种关键性医疗资源,只是一直未能得到充分保护,也没有进行公平分配而已。但不论是保守派的评论员,还是那些自由派的法律学者,他们关注的问题都是人造子宫会如何影响当下的堕胎权。他们的关注焦点止步于此,这对社会活动者们来说其实无济于事。

各个国家内部都会制定一系列必要措施,以确保人们在人造子宫问世之前依然可以有堕胎的机会。这些措施都根据各国的现行做法来制定,所以各有不同。但不论在哪里,都有两点是一致的,那就是要让堕胎脱离刑法的管治范围,以及保障人们可以获得各种形式的生育医疗服务。根据古特马赫研究所的估算,每年大约会发生 2000 万例不安全的堕胎,大多都是在那些堕胎法限制最严且避孕用品普及率低的国家。堕胎法给出了限制,却并不意味着堕胎就会因此减少,而是会导致安全的堕胎数量减少,从而更严重地威胁到孕育者的健康和幸福。在那些堕胎限制最为严格的国家,意外怀孕率也更高,而在堕胎很大程度上已经合法化的国家，意外怀孕率最低。20世纪90年代以来，在对堕胎限制最严格的国家中，因为意外怀孕而导致的堕胎数量其实在持续上升。人造子宫是否会对堕胎的法律保护造成挑战？在所有相关的讨论中，最奇怪的一点就是人们假设堕胎权是应该由法律来划定的。在反对堕胎的人群中，他们一直秉持这样的一套话语：堕胎一直都属于犯罪行为。但是，这其实是在曲解历史。把堕胎归为犯罪其实是一个历史上较新的概念，这是被构建出来的，也是可以被解构的。

我们不应把堕胎定为犯罪，在任何地方、贯穿整个孕期都是如此，也不应划定例外情况或作出妊娠阶段的限制。因为堕胎去罪化才是把孕育者的生命、健康、愿望和需求放在首位，如果不这样做，则会将其推入危险之中。但也有一些人是希望堕胎这件事完全不要发生，我想对他们说的是：如果想要减少意外怀孕，以此来减少堕胎数量，最好的办法就是不再把堕胎归为犯罪，这是统计数据已经证明的事实。实现堕胎去罪化，并能不加限制地应人们的要求提供堕胎服务，当然不是我们现在必须采取的唯一措施。但是，这能让人造子宫脱离堕胎的相关讨论，也可以为我们创造出更大的空间去继续探索如何让这项技术为怀孕的人带来福音，而不必一直担忧它会怎样为堕胎权画上句点。相应地，这也能让我们转而聚焦于其他伦理问题，比如人们在什么时间、何种情况下才能使用体外人工培育技术。

通过远程医疗来普及药物流产之类的措施能极大地改善生育方面的医疗护理。世界上仍有许多地区没有足够的资源来提供堕胎服务，有些人只能通过远程医疗或自己寻找堕胎药剂，当务之急是确保这些人不会因此被定罪。在那些关于堕胎和体外人工培育的文章中，人们总是在说堕胎必须受到监管，也应该在道德和伦理上被合法化。若能积极倡导孕妇自行堕胎，而不是把这些常见论调一遍遍重复，那我们就能得到一个新的话语框架。这个框架首先考虑的是孕育者本身，如果其本人可以应对堕胎的流程，那就不必要求其从医生那里获得批准或监督。这个框架也允许孕育者自行决定想在怎样的环境中堕胎：是自己单独一人，还是在家里让亲近之人陪伴在旁。人们实际上究竟能否获得堕胎服务，这其实也是由各种限制条件决定的，这个话语框架也考虑到了这些：有的医疗机构不能提供服务，有的可以提供却又要求冗长的审批程序；有时孕育者对自己能获得的医疗服务并不放心，这往往是出于文化或个人的原因。但在这个新的框架中，孕育者都能根据自己的情况以安全的方式堕胎。

很多科研人员主要是出于挽救早产儿生命的目的而投入到局部人造子宫的研究中。每当他们宣布已经取得突破性进展时，就会有一群评论家为之激动，异口同声地猜测堕胎权将会永远地成为历史。也有很多作家和学者在思考，这是否意味着堕胎将被全面禁止。他们也提出了解决方案，以免这项即将腾空出世的技术威胁到堕胎权，却很少有人问及"我们为什么到现在还在讨论这个问题"。在这些作者的眼中，堕胎不过是一场"辩论"，生育权则被他们简化为结束妊娠的权利。如果我们能通过新兴技术来实现体外孕育，这些权利也可能就随之消失了。在他们眼里，堕胎只是一个偶然出现的道德问题。

其实，如果这明明是一项对孕育者和早产儿的健康都有助益的技术，却有人暗中谋划着利用这项技术来伤害他们，那我们就应坚决抵制这种局面。人造子宫的确可能会损害生育权，但我们不能因此就把堕胎看成一个需要通过技术来解决的"问题"。与之相反，这恰恰为我们提供了论据，说明堕胎权从一开始就未能得到有力的保护。这是在明确提醒我们，我们应该实现堕胎去罪化，消除堕胎的污名，让人们能更好地获得安全、免费并适应多种文化的堕胎服务。这一切早就应该实现了。

第六章 生物学的暴政

1970年,舒拉米斯·费尔斯通发表宣言[1],谴责怀孕是一种不合情理的社会仪式。她曾和那些有过怀孕经历的朋友聊过,她们的经历都证实,"为了物种的延续而让个人的身体发生形态变化"显然并不公平。[1]归根结底,就像某位女士的坦诚发言,生孩子"简直就像要拉出一个南瓜"。妇女在妊娠期会出现各种症状,不仅运动会受限,还会感到恶心反胃,甚至还有人会因此死亡。怀孕这件事会给女性留下永久性的身体伤害和创伤。尽管如此,她们仍在社会规训之下把自身价值和生儿育女这件事捆绑起来。如果现在有女性拒绝成为母亲,也许已经不足为奇。但是,人们还是会觉得女性如果没有孩子是违背自然规律的。

在外界的引导之下,很多女性总会这样认为:不论孕期的并发症是多么可怕,她们都应该接受怀孕生子是自身

---

[1] 1970年9月,费尔斯通出版了著作《性的辩证法》,该书成为了女权主义运动中极具影响力的文本。娜奥米·沃尔夫(Naomi Wolf)在2012年谈到这本书时说:"如果不去读这本激进的、有煽动性的、第二波女权运动的里程碑著作,就无法理解女权主义的演变历程。"

命运中不可避免的一部分。在分娩结束后，女性会感受到诞下孩子的喜悦，这足以让她们忘记之前那些可怕的经历，同时接受分娩是一件"自然而然的事情"。但费尔斯通认为，人类已经有了许多发明创造，让之前被认为是"自然而然的事情"都得到了改善。我们已经成功把宇航员送到了太空，却又还是听到人们在说，女性必须独自肩负起怀孕生子的责任，这仍是无法改变的事实。如果具有生育能力的是男性，那么人类肯定已经不惜用上整个世界的资源来开发一种取代妊娠的新方法。问题并不在于我们没有相应的技术，而是没有意愿这样去做。在费尔斯通看来，女性不得不承担让人类继续繁衍的重任，这是"生殖生物学的暴政"导致的。也许这已是深入人心的现象，但其实也是一种严重的社会不公，需要得到纠正。她认为，如果我们能以机器操作的方式来实现妊娠，也许人类繁衍过程中的性别关系也能有所改观。如果真能这样，也许我们就能让生儿育女变成一项集体完成的工作，进而转化为整个社会的责任，而不再需要母亲独自承担。

在费尔斯通生活的时代，人们已经开始研发局部人造子宫，但这些研究应该没有让她感觉眼前一亮。其实，她早在20世纪70年代就已经在自己发布的宣言中把这类技术描绘出来了。费尔斯通曾经表示，20世纪50年代和60年代那些对人造子宫的研究都和她构想中的体外人工培育相去甚远，包括其中斯坦福大学教授的试验（这位教授曾因学生抗议而麻烦不断）。她认为，那些耗资巨大的试验都是为了让早产儿存活，而持女性主义立场的研究人员想创造的则是一种让社会能共同孕育孩子的方法，这二者之间存在本质区别。在费尔斯通看来，当时那些科学家大多拥护父权制，一种典型现象就是"他们之中很少有女性主义者，甚至连女性都寥寥无几"，所以若想要在人造子宫方面取得任何进展，都必须冠以拯救婴儿的理由，这样才能证明研究的合理性。[2]在那个时候，人们不会认为解放妇女是开展科学研究的合理目的，这正是部分问题所在。我们在2022年仍然没有研发出可行的妊娠替代方案，甚至距离这个目标还相当遥远。如果费尔斯通看到这一切，很可能会感觉沮丧，虽然这也可能是她意料之中的局面。但是，体外人工培育可能成为"解放"妇女的有力工具，让她们在繁衍后代时不必背上不均等的负担，这个观点在现代社会拥有一批群情激昂的捍卫者。

哲学家安娜·斯玛多曾经发表一篇题为《体外人工培育的道德规则》（The Moral Imperative for Ectogenesis）的论文，标题用词非常大胆。她表示，"女性必须经历怀孕和分娩才能拥有自己的孩子，而男性却并不需要"，这是一种天然的不平等。[3]她接着说，在怀孕过程中，妇女"成为这项生育事业中唯一的风险承担者"。这些风险全都是沉重的负担，不只是轻度的反胃和痔疮而已，还包括糖尿病、先兆子痫、精神问题、抑郁症和死亡。有人认为制造人造子宫的唯一合理动机就是拯救早产儿，费尔斯通对此表示坚决反对，斯玛多在这点上也一模一样。

她绝非孤掌难鸣。2015年，澳大利亚的生物伦理学家埃薇·肯德尔（Evie Kendal）出版了一本著作，她在书中专门论述了这样一个观点：政府应该出资支持体外人工培育，这不仅是为了实现男女平等，也是为了让那些能够生育和不能生育的人能相互平等。她也认为，保护早产儿不应是资助人造子宫研究的唯一理由，也不是最为重要的理由。费尔斯通在描写怀孕过程时写道，女性一直耳濡目染着这样的信息：整个孕期出现不适和疼痛是家常便饭，这一切会在分娩时结束。她补充说："分娩是很痛苦的，而且对身体没有好处。"现在，如果和避孕、堕胎放在一起考虑，怀孕直到足月生产仍是最具危险性的选项。埃薇·肯德尔就曾写道：

> 众所周知，怀孕和分娩会带来许多健康方面的风险，孕期出现的"正常"症状包括孕吐、头晕、头痛、视力下降、牙龈出血、呼吸困难、胃灼热、静脉曲张、痔疮，还可能出现骨骼和肌肉疼痛。重要的是，尽管这些症状会让人非常不适，但又总是被认为是"正常"现象，所以往往不会引起人们重视，也不会得到治疗。[4]

斯玛多和肯德尔认为，一直都是女性承受着怀孕和分娩的重负，而这些经历还有可能带来痛苦和危险，这个事实就足以证明我们应该投入资源来研发体外人工培育。

怀孕和分娩困难重重，需要投入大量努力，同时又是沉重的负担，所以有必要研究出能代替人类妊娠的方法，也许体外人工培育便是最终的解决方案。但是，并不是每个人都这样想。有些健康问题主要会影响到女性，但针对这些问题的研究一直都被搁置在一旁，从20世纪70年代费尔斯通发表著作时就是如此，时至21世纪斯玛多展开研究时也依然如此。这一点，谁也不能否认。费尔斯通在

1969年写道："如果有任何研究是以女性利益为出发点的，那也只是偶然事件。"遗憾的是，这句话对于今天的情况也还是非常适用。我们可以从孕期中看到一系列急需解决的研究问题。有很多问题都会对女性的生活造成影响，避孕、流产、子宫内膜异位症和多囊卵巢综合征等慢性疾病，围产期还可能出现多种并发症，还有阴道撕裂、子宫脱垂、产后尿失禁和更年期症状等等。现在关于这些问题的研究还是很不足，甚至不怎么被提到。毕竟，生物医学研究的目的应该是对某个问题的方方面面都进行了解和探索，然后努力解决问题。

20世纪70年代，费尔斯通曾表示，因为科学研究是一个男性主导的领域，那些会影响到女性的问题甚至没有被纳入考虑范围，更不会被视为理应得到解决的问题。她举了一个例子，这在现在看来简直如同预言：在20世纪60年代，关于男性口服避孕药的研究被全面否定，因为把生育相关问题的责任全部推给女性要更为轻巧。进入21世纪后，研究人员终于重新开始认真研究男性的口服避孕药，发现药物会造成一系列副作用，比如疲劳、性欲减退、痤疮、情绪波动和头痛等等，这就如同引发众怒，导致该项目戛然而止。到了21世纪20年代，因为制药公司对这方面的研究兴致索然，原本正在进行的项目也就此驻足不前。毕竟，制药公司在女性避孕药方面的业务已经发展得蒸蒸日上。

如果你有过服用口服避孕药的经历，你会感觉这些副作用似曾相识。我是在服用避孕药10年后才从一位护士口中得知，像我这样身患先兆偏头痛的人，如果继续服复方口服避孕药就会增加中风的风险。女性口服避孕药也有一系列副作用，比如痤疮、体重波动、性欲降低、抑郁、焦虑和血栓。阿斯利康制药公司的疫苗曾在某些国家受到限制，只是因为几乎可以忽略的极低凝血风险（约为十万分之一）。某些口服避孕药的血栓发生率其实比这更高，曾有人将二者进行对比，只是为了向人们证明这种疫苗的安全性。从本质上来说，口服避孕药并不是坏事，也不会造成危险，毕竟口服避孕药导致血栓的风险也很低，我们得说清楚这一点。虽然有些女性确实会出现副作用，但也有很多女性不会。问题也并不在于避孕药所带来的副作用，问题在于这个社会是如此虚伪：若有任何生殖方面的风险发生在男性身上，社会就会加以谴责，仿佛这是让人无法接受的事情；但如果这些风险落在女性身上，这个社会却是皆大欢喜。主要由女性服用的避孕药会产生哪些不良反应，同样也需要有人展开精准的研究和跟踪，并作出解释。事实却是，这一切都没有得到多少重视。人们总是假定避孕和怀孕的责任都应由女性来独自承担；这些负担极不平衡地压在女性肩头，同时又很少有人关注这造成了怎样的后果。

费尔斯通在 20 世纪六七十年代注意到的那种模式一直持续到今天，这实在令人沮丧。在她写作的那个时间节点，"罗诉韦德案"尚未胜诉。虽然避孕药在那之后不久就会被投入广泛使用，但人们获得药物的途径却满是荆棘，不仅有法律上的障碍，也有来自伦理方面的困扰。约翰·洛克（John Rock）和格雷戈里·平库斯（Gregory Pincus）研发出了第一款口服避孕药，并在美国食品药品监督管理局（FDA）获得批准。《美丽新世界》的写作灵感也正是来自他们20世纪30年代的研究成果。他们的首批试验对象是波多黎各的妇女和马萨诸塞州一所精神病院的病人，并没有取得受试者的知情同意。最早的那些口服避孕药的激素水平要比现在高很多，所以也更容易产生副作用。负责波多黎各地区试验的医生曾在首次报告中写道，17%的受试女性出现了不适症状，包括偏头痛、恶心和头晕，而且这些副作用实在太大，似乎没有合情合理的理由去使用这种避孕药。虽然FDA已经看到相关证据，说明避孕药会造成血液凝固，却还是没有停下审批程序。他们给出的部分理由是，口服避孕药虽然有一定危险性，但也仍然低于女性怀孕所带来的危险。在避孕药进入美国市场之后，许多女性仍不愿意选择这种避孕手段。

康涅狄格州曾有一条禁止使用避孕药具的法规，后来在20世纪60年代被最高法院推翻。根据法院的裁决，已婚夫妇可以自行选择使用什么避孕药具，这是他们隐私权的延伸。但是，直到20世纪70年代初，这项裁决才开始适用于单身人士。就在费尔斯通正在书写她的宣言时，有许多相互关联的不公正现象正在上演，这一切全都以女性具有生育能力的身体为中心发生。避孕药有潜力成为为女性赋权的避孕手段，有些女性拒绝使用它，但它又在另一部分女性身上做过试验，而且根本没有人为她们的健康着想，也没有人考虑她们的知情权。这个计划是为了对女性具有生育能力的身体施加控制，但却又呈现出这样的两面性。虽然口服避孕药存在风险，但最终还是获得批准，因为这不论如何都比怀孕更为安全。至于堕胎权，却还有一场艰苦卓绝的斗争在前方等待。虽然某些女性能在一些法律之外的女性主义机构获得安全的堕胎机会,比如位于芝加哥的"简氏联合会"(Jane Collective)[1],但还是有其他女性在找机会终止妊娠时健康受损,甚至因此丧命。

与此同时,也有一部分人极度渴望怀孕,即便如此也还是可能出现可怕的后果。费尔斯通曾对妇女分娩时的遭遇表示震惊。某些医院一贯认为产妇的生命没有婴儿的生命那么重要,没有人会问及产妇的意愿,而医生总会实施一些痛苦却又并无必要的手术,比如提前切开产妇的外阴。许多年来,医生在分娩前切开会阴(位于阴道和肛门之间)仍是司空见惯的,因为他们错误地认为产妇最后总会无可避免地撕裂会阴,而如果由医生来切开,那么伤口会比自然分娩造成的撕裂要愈合得更好一些。从19世纪80年代开始,白人男医生努力想要接管生育相关的手术,不再让社群里的妇女或助产士来参与其中。从那以后,女性分娩的医疗化趋势则是愈演愈烈。

在20世纪六七十年代,"自然"分娩已经成为妇女运动中流行的目标,这也是对美国这些措施的回应。妇女运动鼓励女性在家里进行无药物的分娩,而不是在诊所分娩。医院把妊娠看成疾病,而且总是以家长式作风来对待女性,这不仅残酷,同时也充满不公。不过,费尔斯通却带着怀疑的眼光来看待这场运动。在她看来,这不过是在用另一

---

[1] 这是当时一个活跃在芝加哥的地下女权团体,致力于为女性提供秘密而安全的堕胎服务,官方名字是"解放妇女堕胎咨询服务"(Abortion Counseling Service of Women's Liberation)。最初,一位芝加哥大学的女生化名"简"(Jane)来帮助朋友寻找堕胎机构,这个组织也因此得名。

种方式来强化这条信息："妇女的价值和她成为母亲的能力直接挂钩。"医生会给妇女开药，但还是希望她们能忍耐那些不良效果，把这视为稀松平常的情况。那些主张"自然"分娩的人坚持认为，诞下孩子就是女性力量的源泉，至于那些能减轻分娩过程痛苦的干预措施，他们则建议不要采用。其实，他们都是把女性简单地视为了生育工具。不管是过度医疗还是"自然"分娩，其实人们都没能意识到，怀孕给妇女带来了过重的负担，而这是一种不公。这可以被纠正，也理应被纠正。

现在，分娩这件事的医疗化程度还是过高，而与之相对应的则是要求女性"自然"分娩的压力，这同样也不利于分娩的产妇。如果产妇迫于压力而选择"自然"分娩，她们会产生这样的想法：如果我还是需要剖腹产等干预措施，或是要求药物治疗，那我就是一个失败者。施鲁斯伯瑞和泰尔福医院（Shrewsbury and Telford Hospital NHS Trust）曾经造成 9 名母亲死亡，还有 200 多名婴儿遭遇永久性伤害甚至死亡。2022 年，有一份关于这家医院的报告指出，医院过于强调"自然分娩"是造成这些悲剧的关键原因。产妇没有机会接受剖腹产之类可能救命的手术，一旦婴儿死亡，产妇还会成为众矢之的。这些家庭的遭遇都是让人痛心的案例。我们可以由此看到，如果把某一种分娩方式强加给孕产妇，会造成怎样的后果。在这个案例中，因为医院坚持分娩应该"自然"发生，不应加以干预，正是他们坚持的理念导致孕产妇和婴儿遭受伤害，甚至死亡。其他医疗环境中也同样有孕产者表示，自己曾被迫接受一些不必要的医疗程序，这在北美尤其典型。比如，她们可能会在预产期过了几天之后便被要求催产，医院很少考虑本人的意愿，也不管这些措施最后效果如何。分娩者经常感觉到压力，甚至还会受到威胁，最终只能被迫接受某些医学上并无必要的干预措施，有时还会因此遭受严重的身体损伤或精神创伤。

不论是在医院还是在家中分娩，我们都能在这个过程中给分娩者赋能，让她们拥有掌控感。不论分娩者是使用了"无痛分娩"[1]还是完全不用药，她自身的意愿都应得到尊重。不管人们想在哪里分娩、使用什么工具分娩、在谁的陪伴下分娩，这些意愿都应得到重视。对于那些处于妊娠和分娩过程中的人们，医护人员在提供护理时应该要让患者感觉受到了尊重，也就是要给她们提供支持，帮她们了解可以获得怎样的服务，告诉她们什么情况下有必要采取医疗干预，什么时候这些干预甚至可以救命，以及她们在分娩过程中可以采取什么策略来保持掌控感。有的医疗工作者坚持认为，某些人的身体是"注定"要经历分娩的，而且并不鼓励她们使用药物；有的则会要求孕产者接受她们本不需要或并不想要的治疗。这都是剥夺了她们的选择权，都是情理不容的。

如果我们说，在费尔斯通 1970 年出版著作以来，情况还是毫无变化，那这个论断也有失公允。关注生殖健康

---

[1] 原文是"epidural"，直译为"硬膜外麻醉术"，其实就是我们常说的"无痛分娩"。无痛分娩又称分娩镇痛，就是用各种方法使分娩时的疼痛减轻甚至消失，成为没有剧烈疼痛的自然分娩。其中硬膜外麻醉镇痛技术在不影响母婴安全的前提下，对宫缩无干扰并阻断产妇痛觉神经末梢的传递来减轻分娩痛，分娩全程需要助产士陪护，通过产前宣教、心理护理、产程观察及对胎儿的观察，而实现阴道分娩。

和妊娠的研究已经取得了实质性进展，这是许多人共同努力的结果。不管是女性主义科学家和研究人员，还是富有耐心的社会活动家，还有那些推进生殖健康、生殖权利与正义的社会组织者，他们都在付出努力。但是，人们对许多孕期并发症的研究仍然很不足，甚至对妊娠相关的许多"正常"情况也关注不够，其实很多正常情况也可能是痛苦、不适甚至危险的。那些涉及孕育者的研究也已经有了更严格的限制，我们现在也不是特别了解药物和治疗对孕育者会产生怎样的影响，这方面的知识出现了断层。如果你在怀孕时发现，医生想要解决数据不足的问题时一般采用预防原则，这可能会让你感到更加担忧。

长期以来，孕育者一直会听到这样的建议：如果在孕期想要缓解疼痛，不要服用非甾体抗炎药（比如阿司匹林或布洛芬），而应坚持使用对乙酰氨基酚（如扑热息痛）。2021年，研究人员呼吁，在孕期使用对乙酰氨基酚时也要遵循"预防原则"，因为这种药物还是存在影响胎儿发育的可能性。毋庸置疑的是，你在怀孕期间很可能会感觉到各种疼痛：头痛、关节痛……我还能继续列举下去。而事实证明，在你自身感到疼痛时，成长中的宝宝也会接收到压力。我们究竟该如何应对才好？是咧嘴苦笑，默默忍受吗？值得注意的是，这种情况下的预防原则意味着，如果你在怀孕时的确需要服用对乙酰氨基酚，那就应该只服用最小的剂量，并把用药周期尽可能压缩到最短。然而，如果药剂师在刚刚读到这项研究之后就告诉我，服用泰诺"并不安全"，我发现人们往往会把这条原则解释成"完全不要服用"，而且也会如此实践。

我们之前已经在第三章提到过，如果人们认为某种食物、饮料或运动方式可能会对孕期产生不良影响，哪怕有时候只是民间传言，也总会有人告诉孕妇干脆完全禁止这种行为。我在撰写这本书的过程中还了解到，如果在孕期和分娩后必须放弃某些活动或停止某些行为，人们往往会觉得放弃也没什么大不了，而且总会不假思索就下定论，这实在让人惊讶。其实生物伦理学家已经警告过，要确保女性使用人造子宫不是出于某些"轻率又孩子气的原因"[5]，而且必须采取措施来预防这种情况。那些顺性别的男性在备孕时通常不会放弃咖啡、酒精、奶酪或鱼类，至少不可能 10 个月都不碰这些。不会有人要求他们减少去跑步、跳舞、爬山的次数，他们也无需经历恶心、胀气、头晕、情绪波动或全身性的疲劳，所有这些都还只是分娩之前的准备过程而已。在婴儿出生后，可能哺乳期还会持续许多个月，男性当然也不需要体验这一切。而女性在哺乳期的这段时间通常还是有许多事情不能做，依然必须暂别那些孕前能给她们带来快乐的事情。

我习惯每天喝两到三杯咖啡，这能让我感觉更快乐。我在怀孕后不得不减少咖啡的摄入，这让我很烦恼，而且其实没有明确的证据表明孕期喝咖啡会造成任何问题。我也不喜欢戒酒这件事。很多朋友告诉我，她们在怀孕后突然就开始反感酒精，但我并没有这样的经历。在我有生以来的大部分时间里，我都在摄入巧克力、奶酪、肉类、未烹饪的蔬菜或海鲜。所以，当我必须重新思考自己该吃什么时，我总要考虑这些食物是否"对宝宝安全"，这让我非常为难。我到了孕期的最后阶段才意识到，我其实已经根本没有能力去做那些自己一直喜欢的事了。对我来说，整个孕期最艰难的阶段莫过于此。我开始感觉到骨盆的剧痛，这是我的身体在提醒我，我很快就得完全放弃跑步了。我在爬山远足或是遛完狗后也总会出现情绪波动，而且还会累得筋疲力尽，这也是在告诉我，我需要减少活动，多躺着休息。

与此同时，我也担心孩子出生时会出现意外情况，一直被这样的阴影笼罩：如果有什么事情不对劲怎么办？我从未体验过整个分娩过程，又要怎样才能真正写下自己的"偏好"呢？我怎么可能在分娩前就知道自己是否需要用到药物？当我读到各种各样的"建议"，仿佛都是在听别人委婉迂回地跟我描述一个关于分娩的恐怖故事，这又是为什么？我已经记下了各种呼吸技巧，还做了住院期间、产后阶段和哺乳期间需要注意的事项清单，但等到我在产假期间苦苦挣扎时，我还要努力照顾一个人类幼崽长大，到那时我又该如何让之前的积累都派上用场呢？随着我的腹部越发隆起，我也听到了各种随口的言论，其中有两方不同的压力在不断对冲：有一方坚持妊娠必须得到医疗化的护理，另一方则更加支持"自然分娩"。我究竟要不要用药呢？因为只要你能学着把疼痛当作不适来忍耐，任何人都可以实现"自然"分娩。我应该顺其自然，因为最清楚状况的应该还是我肚子里的宝宝。"他们"（这到底是指代医院，还是泛指一般的医生？）是否会"允许"我超过预产期，还是会采取人工催产的措施？我是不是意识到了自己体形已经变得多么魁梧呢？如果孩子真的已经长得那么大，我岂不是得剖腹产才行？对于 37 周的这个时间点来说，我现在体形是不是又偏小呢，我是不是该去检查一下？

女性也许会认为怀孕困难重重又令人沮丧，而且这个过程充满了不适和不公。这背后有许多原因，如果把这些都形容成"轻率又孩子气的原因"，这是从居高临下的视角来看问题。费尔斯通是在20世纪70年代发表作品，每个人经历怀孕的过程肯定是大相径庭，从那时到现在一直都是如此。在很多人的描述中，孕期是她们生命中无比快乐的时光，而且能从分娩这件事中感到自信，获得力量。但对其他人来说，怀孕生子却是威胁到生命的事。我们不可能从本质上把怀孕定义成"好事"或"坏事"。一些人倾向于对孕期的所有挑战都避而不谈，有些人则假设说这整个过程就好比是一场噩梦。我对这两种态度怀有同样程度的反感。我在孕中期快要结束的时候经常感觉自己精力充沛、心情愉悦，也很享受胎儿在肚子里踢我的感觉，但周围的人跟我说话时却把我当成得了重病的人，总认为我需要休息。当时的这种感觉真是非常奇特。不论是避孕、堕胎还是继续孕育胎儿，其中的任何一件事都会带来真正意义上的风险——可能是造成不适，也可能是导致死亡，而这些风险依然主要是由女性在承担。我们至少应该能对这一点达成共识，这并不是要我们对其中的风险作出一刀切的定论。

妊娠不仅可能带来身体上和情感上的挑战，怀孕和分娩其实也是一种货真价实的劳动，但这一点仍普遍被低估了。大部分的育儿责任还是由女性来承担，这种失衡往往在怀孕期间就已经开始，而之后还会持续很长时间。美国并不在联邦层面提供带薪育儿假的保障，截至2022

年，这在所有经济发达国家中仍然是独一无二的例子。根据1993年出台的《家庭医疗休假法》(Family and Medical Leave Act)的规定，政府提供的无薪产假只有12周，可谓杯水车薪。但哪怕是这样一项低于标准的保障，也还是有40%的劳动者不具备享受保障的资格。虽然纽约州、华盛顿哥伦比亚特区和俄勒冈州等地已经制定了带薪的家事假，但在美国许多地方，母亲或经历了分娩的家长还是要在产后两周就返岗工作，而父亲或并未经历分娩的家长[1]则根本没有办法请假。

在提供带薪育儿假的方面，爱沙尼亚、瑞典、立陶宛和匈牙利等国处于世界领先地位。但是，很多国家为母亲提供的带薪休假比其他国家少很多，还有92个国家根本没有给父亲提供带薪休假。费尔斯通在"生殖生物学的暴政"中还看到了这样一点：因为人们总会期待女性成为母亲，这导致女性为自己选择人生轨迹时失去了许多可能性。有些政策已经得到修正，但那是为了保证女性也和男性有一样的机会去为雇主卖命工作。费尔斯通一直坦然承认自己是马克思主义者，所以她不会对这些政策变化特别感兴趣，毕竟她的目标是发起一场革命。但自由派的女性主义者频频指出，怀孕会影响到女性的经济地位和工作机会。这群人也支持发展体外人工培育的技术，并想要以此来代替人类的妊娠。

---

[1] 在原文中作者使用了"parent"这个不分性别的词，因为作者在这里说的是各种各样的家庭组成形式，比如有些家庭并不生孩子（比如选择领养甚至是单身领养的家长，还有美国的LGBTQ家庭），但是却有养育孩子的责任，他们因为没有经历分娩而不会有相应的育儿假期。

2015年，埃薇·肯德尔提出政府应该出资支持体外人工培育，她还指出，"怀孕其实具有双重的社会负担：在社会期望的要求中，女性应该怀孕生子，但怀孕这件事又会反过来对女性的社会生活造成实质性伤害，还会限制她们以后的发展机会"。[6] 即使在当今社会，有些地方已经开始提供带薪育儿假，但也还是有地区只会给分娩的母亲提供假期。这背后的期待是，人们认为请假的应该是母亲，而不应该让父亲或是那些没有经历分娩的家长来请假。如果只有经历了分娩的妇女才有假期，这件事传递出的信息就是，在妇女生下孩子之后的那段时间，她们就应该在家照顾婴儿；与此同时，她们的伴侣则在继续为自己的事业奋斗。这个问题不只是关于是否有政策来保护育儿假那么简单。韩国和日本提供一年以上的带薪休假，这可以说是全世界范围内最为慷慨的育儿假。但实际上很少有男性会去享受这项政策。因为性别角色一直都被陈旧的条条框框所限制，因而只有给出激励措施才能让父亲们去休育儿假，比如通过指定甚至强制的方式来让他们休假。如果要异性亲密关系中的父亲去接起托儿所打来的电话，或是留在家里照顾生病的孩子，这些画面依然难以想象，更别说要他们去照顾一个嚎啕大哭的婴儿了。

现在，"妈咪轨道"[1]或"母职惩罚"[2]的现象依然随

---

[1] "妈咪轨道"（mommy track），是指女性优先考虑自己的母亲角色时拥有的人生道路，也可以特指某些为职场女性提供的职场安排，比如给她们灵活的工作时间，但同时给她们提供的职业晋升机会也较少。
[2] "母职惩罚"（motherhood penalty），是社会学家创造的一个术语，指的是在工作场所，职场妈妈在薪酬、认可度、福利方面相对于未生育的女性会遇到的一些劣势；这个词也指女性因为生育而遭受的疼痛、疾病以及心理创伤。

处可见，这意味着女性在休完产假后，可能会发现自己得不到重视，因而失去了更多工作机会和晋升空间。原本处于同一职业阶段的男性可能正在一路晋升，或是不断积累经验，而女性却发现自己一直在走下坡路，甚至面临降职。从20世纪60年代一直到现在，女性的平均工资远远低于男性，同时育儿成本又很高昂，导致形成了一种高压锅局面。在这种大环境中，身处异性恋关系的女性通常会面对这样一种可能：和继续工作相比，自己留在家中相夫教子可能在经济上反而是可行性更高的选项。此外，即便异性恋关系中的夫妻双方都有一份全职工作，妇女在有了孩子之后仍然承担了大部分的育儿劳动。

新冠肺炎疫情期间，学校纷纷关闭，师生只能使用虚拟课堂。在那段时间，是那些职场妈妈承担起了照顾孩子的责任。育儿任务的分配不均对女性生活造成了影响，这在各行各业都有所反映。以学术界为例，若想获得职业发展，就必须有优异的论文发表记录，还要成功申请到研究经费。当时期刊收到的女性署名论文大幅减少，女性申请到的经费数量也急剧下降；与此同时，男性的数据却一直在攀升。美国进步中心[1]报告说，在全国缩短工作时长甚至离职的人群中，女性数量要多于男性。我们在那个春天经历了漫长的居家封锁，在那之后，每4名美国女性中就有1人因无法兼顾育儿方面的需求而离职。

这些模式也都带有种族主义的色彩。在英美之类的经

---

[1] 美国进步中心（Center for American Progress），是华盛顿自由派智库，其前身是成立于1989年的美国民主党领导委员会的政策机构，名称是美国进步政策研究所。

济发达国家，看护工作和家务劳动通常会外包给非裔妇女或其他有色人种妇女，只有这样，那些有经济能力的白人母亲才能专注于自身的职业发展。相较于白人女性，美国的非裔、拉丁裔和原住民女性在新冠疫情期间更有可能从事一线工作，并且因为经济方面的考虑而无法离职。在这些女性群体中，大部分人若想兼顾育儿就得减少或调整工作时间，这也会带来额外的经济负担。肯德尔认为，怀孕、分娩和养育孩子都对女性的发展前景不利，至少世界上仍有某些地区是这样的情况。我们要讨论的问题并不是怀孕和育儿是不是依然会对女性的生活影响太大，我们都知道答案是肯定的。真正的问题在于：体外人工培育以后能不能解决这个问题？

有人认为人造子宫对生育劳动中的性别不平等问题可以有所补救，这个观点似乎让人无法反驳。这也许是因为，如果有技术能用机器来辅助妊娠，这是简单明了的解决之道。相比之下，若要解决长期存在的社会乱象，同时扫除根深蒂固的结构性障碍，那就复杂多了。可惜这又是一个想要依赖技术手段来解决社会问题的案例。撇开家长的性别不谈，如果家长们无法享受一年甚至两年的法定带薪育儿假，人造子宫并不能代替他们来照顾孩子。人造子宫无法缩小男女之间的工资差距，也不可能让所有人都能享受到免费的托育服务。对于那些必须独自承担怀孕和育儿责任的单身家长，人造子宫也提供不了什么支持。很显然，单凭人造子宫也无法改变人们对某些研究不够重视的局面，那些对孕产妇有影响的健康问题也依然得不到解决。斯玛多和肯德尔等人曾经评论道，怀孕会带来一系列身体上和精神上的风险，而护理工作的价值一直未能得到普遍认可，这都给女性带来了极大的负面影响。她们此言非虚，但她们提出的解决方法是让整个社会来出资研发人造子宫，其实她们也在暗示问题的根源在于女性能够孕育后代，而男性没有这种能力。但是，这并不是一个生殖生物学上的问题，真正的问题在于性别歧视和医学上的家长式作风。正是因为这两个原因，人们并未认真考虑怀孕带来的风险，也从未给出恰当的解决方案。

如果把人造子宫作为这些问题的解决办法，也会造成我们不愿看到的后果：人们会继续把责任归咎于女性的身体，而非那些社会或政治上的问题，而恰恰是这些问题导致孕育后代和成为母亲充满了艰难困苦。若要不失公允地描述斯玛多那一派的评论家，其实那些支持体外人工培育的人大多已经意识到，他们是在为一个社会性的问题提出技术上的解决方案。我们其实可以同时承认两点：我们的确需要实质性的改变，但进展速度又过于缓慢。女性群体一直期待着能有可行的育儿方案，希望能在真正意义上重新分配风险，而不是像现在这样让女性承担绝大部分。那些支持体外人工培育的女权主义者认为，从当下的情况来说，社会层面的努力的确发展得太慢了。体外人工培育是一种极端选择，但也是必要的。

从某种意义上说，他们的观点是对的。费尔斯通的著作《性的辩证法》(*Dialectic of Sex*) 问世已有 50 年之久，但她笔下的许多不公现象仍然坚不可摧，这是为什么？我们这一代依然有不少人处在家庭和事业的夹缝之间，挣扎着想要取得平衡，和我们父母那一代别无二致，这又是为什么？的确，社会变革来得实在太慢。但是，我们也没有理由相信人造子宫会比这些变革更早成为现实。我们已经在这本书中探讨过，技术的进步程度不可能超越所处的时代，这是历史长河中的不变事实。费尔斯通的写作时间是20世纪70年代，照顾幼儿的劳动分工从那时到现在都一直非常不平等。这种现象之所以能延续至今，正是因为这早已深深渗透在我们的社会结构之中。每一代人都在孩提时期就积极接受了二元化的性别观念，这些观念不断被强化、被复制。而且，几乎每一个我们赖以生存的社会机构都秉持着这套性别观念。如果我们已经研发出了人造子宫，那更有可能出现的情况是，这项技术不仅不会抹去这些社会规范，反而会成为强化规范的新工具。

在现在一些关于体外人工培育的文章中，还是会时不时出现费尔斯通的名字。在这些文章里，她往往被描述成技术爱好者的形象，带着一点天真，坚定不移地相信体外人工培育能为女性赋能。其实，她也对体外人工培育提出一条重要警告，告诫说不要指望靠这项技术来解放人类。她感兴趣的是，如果社会发生暴动，这项技术又会被如何使用；她并不好奇在一片平静的社会里会是什么情况。她并不是在倡导平等，她是在呼吁人们对社会进行颠覆性的反思，从中孕育出一场女性主义的起义。她希望这不仅能"消除男性特权"，同时还能"消解性别差异本身"。如果想要让男女都享有同样的育儿假，这样的社会并不能被称作乌托邦；只有当社会上的所有人都能一起承担生育带来的辛劳，共同照护孩子，这才是真正的乌托邦。如果没有重大的社会变革出现，那么我们就依然生活在当下这个充满限制和偏见的世界中，任由现有的社会规则来决定人造子宫的用途。

在生育带来的劳动分配中，两性之间的分配并不公平，但如果把人造子宫作为一种解决方案，其实是把这个事实抛在了脑后：女性之间其实千差万别，不可被作为一个整体来看待。不同的女性群体之间也存在不平等，其严重程度甚至可能和男女之间的不平等一样严重。在孕婴照护服务方面，全球范围内和各个种族之间仍存在明显差异。在这种情况下，社会并不需要急切地把资源投入到体外人工培育之中，这从道德上来说并非燃眉之急。我们之前在第四章就已经探讨过这些。诚然，许多女性都面临着催生孩子的压力。其他家庭成员总会异口同声地询问你打算何时生孩子；他们都默认你会出于生孩子的压力而急着寻找伴侣，否则就会"为时已晚"；如果你已经有了稳定伴侣，他们则会喋喋不休地问起你们的备孕计划，这会成为家庭谈话中反复出现的话题。

但肯德尔、斯玛多和费尔斯通都曾隐晦地表示，"鼓励生育主义"持续地影响着整个女性群体，想让那些胆敢不生孩子的女性感到羞愧。社会总是敦促着所有女性都去成为母亲，这是女性共同的压力，费尔斯通曾经对此深感不满。其实，这套制度也引发了非裔及原住民妇女、身患残疾或收入不高的妇女的大力抵抗，因为这套制度让她们感觉自己不配成为母亲。洛蕾塔·罗斯是一位倡导生育正义的意见领袖，她曾经强调说，她们可能会被强制绝育，也可能迫于压力采取节育措施，孩子还可能从自己身边被夺走，这些威胁对这些女性来说同样紧迫，甚至可能更为紧迫。费尔斯通这样的白人女性也会在生育自主权上感觉自己受到了限制，但这样的限制主要体现在，外界让她们觉得自己有义务要成为母亲。我们已经在第三章中讨论过，在白人女性群体之外，还有其他很多女性正在努力维护自己孕期的尊严，想要争取自己孩子的抚养权，好把他们平安养大。如果假设体外人工培育能把女性从生育压力中"解放"出来，其实是假设所有女性所受的压迫都仅限于上述这种形式，而这个想法依然来自一种以白人女性为中心的叙事结构。

若要对比生儿育女的经历，美国的白人中产阶级女性和非裔及原住民女性、残疾或低收入女性的经历有何不同？费尔斯通在讨论这一点的时候并未注意到某些细微差别。也正因此，她才会对体外人工培育持有这种特殊的女性主义视角。如果说我们之所以需要研发人造子宫，是因为女性可以因此从妊娠这件事中"解放"出来，这其实是站在一种特权视角来思考问题。根据这种看问题的方式，他们其实假设人类的基本需求[1]都已作为前提条件得到满足。大多数情况下，许多更有特权的女性会认为自己该接受什么形式的生育医疗护理？我们应该首先确保的是，人人都

---

[1] 这里指的是，费尔斯通等评论家已经默认某些必要的前提条件（比如医疗保健、社会保障、经济独立和自主权）已得到满足，而实际上这些对于许多女性来说并未得到满足；所以作者表示，他们认为人造子宫可以"解放"妇女的怀孕经历，从而追求人造子宫的想法源于一种特权视角，但实际上并不是人人都有机会作出和那些特权女性一样的选择。

有机会也有途径作出和她们一样的选择。前文所说的特权视角则是，若要实现生育自由，下一步应该是干脆研发出一种方法来完全替代人类妊娠。

医学社会学家多萝西·罗伯茨曾在20世纪90年代撰文指出，体外人工受精如何被打造成了生殖问题的新"选择"。她的看法是，如果把生殖技术视为一种解放工具，"就好像是戴上了眼罩，无法看到那些社会权力的问题，但其实这些才是生育自由和管控的真正决定因素"，"这似乎是在说，如果能实现个人自由，就不需要再去纠正社会上的不平等现象，虽然那些社会权力问题并未被全然忽视，但还是会变得模糊不清。"[7] 有些人认为，既然孕育带来的负担并未平等分配，那就应该让人造子宫把女性从不平等中"解放"出来。这条论述其实也是类似的模式，和罗伯茨的观点共振。妊娠过程危机四伏，而女性承担的育儿责任又如此不平等，若想纠正这些，我们就不能聚焦于如何把体外人工培育变成人类妊娠的新型替代方案。我们需要集中精力去纠正的是前几章提到的不平等现象。我们首先需要实现的目标是，让非裔女性在早产时无需承担种族主义带来的风险，我们还需要实现的目标是，人们不会因性别认同、健全与否、种族或阶级而断定一个孕育者没有资格做母亲。

希望用人造子宫来终结男女不平等的局面，这个想法其实也来自性别二元论。女性在生物学上具备怀孕的能力，若是按照这种逻辑，女人是因为这种能力才被称为女人。而男人之所以和女人不同，也是由他们的生物学特征决定的，因为他们无需自己经历怀孕分娩也可以繁衍出自己的后代。若是以这点为基础继续思考,两性之间存在的巨大不平等就在于男人没有孕育后代的能力,而女人可以。如果这些都已是约定俗成的事实,那我们就的确可以得出用人造子宫来作为解决性别不平等的方法这一结论。既然这项技术让体外孕育成为可能,那也会再创造出一种新的可能性:让男人也可以承担起孕育后代的责任。但是,这其实是一种从本质上区分生理性别和社会性别的方法。世界上并非只有两种生理性别,曾经出现过男人也可以怀孕并诞下孩子的案例。也有一些女人无法怀上孩子,但她们依然是女性。许多人都宣称,如果有了体外人工培育技术,怀孕这件事就不再只跟女性的身体有关,而这正是该技术提供的解决之道。但这其实没有考虑到那些已经有过孕育经历的跨性别男性[1]、非二元性别者和性少数人群。这说明那种狭隘的二元性别观念依然根深蒂固,至今仍普遍存在于西方文化之中。

二元性别观念是如此牢不可破。以至于人们坚定地认为,现在只有女性可以怀孕,如果要让她们从现状中解脱出来,那就必须发明新的技术,让胎儿可以完全不必在人类的身体中孕育。事实显然并不是这样。真正的"暴政"并不是费尔斯通所说的生殖生物学,而是我们无法抛之脑后的古老性别观念。在顺性别人群和异性恋关系之外,还有其他人群也在建立家庭,在养育子女的过程中摒弃"男

---

[1] 跨性别男性(trans man),又称为女跨男(FTM),指的是出生时指定性别为女性的男性。他们的性别认同为男性,其中许多人会选择通过手术或激素治疗来改变自己的外表,以符合性别认同或减轻性别不安,有些人在治疗之前已经生育过子女。

性"和"女性"的二元观念。"暴政"其实存在于社会、法律和政治层面上：人们的性别观念过于简单，又具有排他性，但许多社会组织仍在继续强化这些观念，强行通过狭隘的定义来界定谁可以为人父母。有些女性主义的思想也把"女性"这个概念进行了简化，认为只有出生时指定性别为女才能被称为女人，而且先入为主地认为女性之所以受到"压迫"，根本上是因为她们的生殖生物学特征。这样的思想也是导致上述问题的部分原因。女性主义原本应该批判那些限制人们思想的性别角色，现在却让这些角色进一步固化。有些评论家宣称自己"对性别问题具有批判的眼光"，其实却对跨性别人士怀有恐惧，并对他们发布尖刻言论。这就是来自现实的显著例子，而且对英国的女性主义影响极深。

2018年，英国政府终于让一项民意咨询落地，决定修订2004年的《性别承认法案》(Gender Recognition Act)。人们对此已是期盼许久。根据该法案的规定，申请人必须走一系列程序才能自行确认性别身份，这些步骤大多已经过时，而且并不公正。申请人要先出具一份精神评估，说明已被诊断为性别焦虑症；还要有一份报告，说明申请人接受过怎样的医学治疗；还需要出示证据来证明已经以"后天性别"生活两年；如果申请人已婚，就还必须出示配偶的同意书。以上种种，都是在以医学的眼光来看待变性人的经历，而且是一种污名化。该法案并不承认非二元的性别身份，而且把18岁以下的人群排除在外。在民意咨询之前，人们曾希望政府能取消这些限制性的要求，换上一种更先进的模式，像爱尔兰、挪威和阿根廷等国家一样允许自我声明性别。这是把决定权交到人们自己手中，让他们可以选择自己的性别。人们如此希望也是情有可原，因为许多回应了民意咨询的人都认为该法案中的限制应被取消。

最终，这次民意咨询很大程度上还是砸在了某些社会组织的手里，主要都是所谓的女权主义组织，比如"女人要公平竞争"和"妇女之地"。他们持有"性别批判"的立场，认为如果任由人们自己确认性别，那些"基于性别的"权利就会遭到破坏。当时的英国妇女及平等事务大臣是莉兹·特拉斯（Liz Truss），她曾和这些组织逐一面谈。之后她也宣称自己曾经和跨性别权利倡导者会面，但人们随后发现，她对此发表的某些言论容易误导公众。她后来宣布这项法案将会保持原样，但对于那些想在法律上自己确认性别的人来说，缴纳的办理费用会略有减少。那些组织得井然有序的协会自称是在捍卫女性利益，却破坏了这次民意咨询。其实这也说明了一个覆盖面更广的问题。归根结底，他们其实是在支持这样一个观点："一个人在世界上所处的地位是由生殖生物学决定的。"只要任何人在出生时具备男性生殖器官，那他们就都是男人，而男人从本质上来说都是压迫者。因此，即使那些变性成为女性的人尚未显露出施暴风险，如果身处单一性别的空间[1]中，还是有人担心她们有可能会对顺性

---

[1] 在很多女性的眼中，女子单一性别空间是为了保障妇女而建立，也是女性在公共场合制定的人身安全界线，她们认为如果允许"自我认同为女人的男性进入"，就可能让女性面临人身安全风险和尊严的损害，纯粹的女性空间将会逐步消失。

别女性施加暴力。而且，男人也可能会声称自己已经变性成为女性，让自己能方便地进入这些空间，从而对女性施暴。如果那些出生就具有女性生殖器官的人也都是女性，她们从根本上来说都是受压迫者，而且会一直身处危险之中。

这一套逻辑听起来应该似曾相识。在第三章中，我们探讨过人们如何利用科学上的种族主义来为优生学辩护，如何建构出等级制度来区分人类的价值。根据白人至上的逻辑，只要看一个人的种族和四肢是否健全，就能定义他或她的智力和才干，以及在世界上的地位。针对跨性别的恐惧也是在延续这种粗暴的分类模式。人类被简单分为男性和女性两个类别，你被归入其中某一个类别之后，你是谁、你在这个世界应该如何活动就都已经被设定好了。在这个世界上，如果你拥有阴茎，那就决定了你只能是一个暴力的捕猎者；如果你拥有阴道，那就意味着你必然身处受害者的位置。

那些恐惧跨性别群体的女性主义者坚持认为，如果不能把女性身份与生理性别相关联，女性权利就会遭到损害。这种观点带有极为残忍的一面：这些仇视变性者的群体担心跨性别女性可能对女性施加各种形式的暴力，比如家庭暴力和性虐待，但跨性别女性自身恰恰很可能会遭遇这些，非裔跨性别女性尤其容易面临这样的风险。这不是出于保护女性的目的，而是为了控制那些会被视为女性的人。在《性别承认法案》的民意咨询开始之后，许多犯罪行为都是出于对跨性别女性的仇恨，这些案件的数量在

5年内提高到之前的4倍。TERF[1]群体（"排斥跨性别的激进女性主义者"）也曾宣称，如果保护跨性别人群的权利，就会让顺性别女性受到伤害。如果说生殖生物学可以决定一个人的性别，然后进一步决定此人是压迫者还是被压迫者，这种简单粗暴的分类方式才是真正的暴政。若想要调整怀胎十月和养育子女的工作量分配，这种想法也会限制进一步重新分配的可能性。我们不需要依靠体外人工培育来切断女性和妊娠的关联，这里要考虑的也不仅仅是女性群体。我们要保护对孩子的照护工作，也要认清其中蕴含的价值。而现在的社会和法律系统并不愿意保护父亲在其中的权利，也没有保护非二元性别认知的人群及性少数群体，这也是有待解决的问题。

2020年，一名英国记者向最高法院提出上诉。这一案件对跨性别父母可能具有开创性的意义。弗雷迪·麦康奈尔（Freddie McConnell）[2]曾经孕育并生下儿子，他希望法律能够承认他的父亲身份。虽然法院承认弗雷迪是男性，但还是裁定他无法拥有作为孩子父亲的法律地位。出于法律上的目的，他被认定为一名"男性母亲"。法院的裁决说明，英国的法律系统认为孕育孩子是只有母亲才能

---

[1] 排跨激女，英文称为TERF，来自全称"trans-exclusionary radical feminist"的首字母缩略字，全称是"排斥跨性别的激进女性主义者"。TERF最早出现于2008年，最初是指排斥跨性别者的一类女权主义者。这类人认为跨性别女性并非女性，他们并不能真正地改变生理性别、也无法真正经历生理女性的身体经验（诸如月经、怀孕等）。不过有些被称为"TERF"的人通常拒绝接受这个称呼，认为随意称呼别人TERF是侮辱行为。
[2] 弗雷迪·麦康奈尔生于1986年，2013年开始进行跨性别治疗，2014年接受了双乳房切除手术，因为想要生孩子而没有切除子宫，2017年以人工授精的方式怀上儿子，2018年成功分娩。

做到的事情，这种态度僵化且死板。这反过来又限制了作出改变的可能，因为这决定了怀孕与女性身体的关联无法消除。法院的裁定实际上传达出的是这样一条信息：我们知道你是男人，因此我们也知道男人可以怀孕；但只有母亲才能负起孕育后代的责任，所以你不能成为一位父亲。如果他们承认弗雷迪是父亲，同时又孕育了自己的孩子，那就是在开创某种先例，承认怀孕是母亲、父亲或任何性别的家长都可以完成的事。这正是费尔斯通、斯玛多和肯德尔曾经描绘的愿景：在未来，任何不限性别的人都可以负责孕育后代。

从法律上来说，是否有必要围绕父母的性别来划分界线？如果考虑到要保护父母和子女的权利，法律的确可能不对家庭强制推行二元性别的角色划分。加拿大的安大略省于2017年通过了《所有家庭平等法案》（All Families Are Equal Act）。立法人员在制定这项法案之前，先和那些可能受到条例影响的父母进行了协商。该法案把怀孕视为任何性别的人都有能力做到的事，在这个方面可以说是又推进了一步。根据该法案，不论家长是否经历了分娩，享受到的合法权利都不会有区别。孩子出生之后，法律最多可以认定4位家长，他们可以选择被认定为母亲、父亲或只是家长而已。如果法律想要承认并保护那些主流模式之外的家庭，其实是完全可能实现的。

如果想要让孕育后代这件事变得"去性别化"，我们其实并不需要借助机器自动化的手段。有些医疗、法律和社会规则会破坏孕期和为人父母的权利，对任何性别的人都是如此。我们需要做的是从根本上废除这些规则。我们生理上的限制并不是实现这一切的障碍，真正的障碍是所有严格限制着性别的社会机构。它们一直在向公众传达着这样的信息：每个家庭都需要一个生儿育女的母亲，还有一个无需牵涉其中的父亲。若想要摆脱"生殖生物学的暴政"，我们其实早就掌握了工具，那就是让人们有机会自主确认自身性别，只要一位家长经历了怀孕和分娩，不论其性别如何，都应有权获得孕期照护，也应被赋予为人父母的权利。

我们应该摒弃只有女性才能孕育后代的错误观念。即使我们能做到这一点，也还是有必要再提出这个问题：人类的孕育过程中，是否有某些东西是无法通过机器的自动化来实现的？这并不是说孕育孩子的人就必须成为母亲，也不意味着那些选择代孕或领养的家庭就一定有其缺憾，即使那位孕育者不一定参与孩子之后的生活。

19世纪60年代，塔尼正在放飞想象，认为自己即将成功在人体外部复制出后半程的妊娠，认为完全的体外人工培育只是时间问题。1923年，霍尔丹思考着科学将会走向怎样的未来，并且确信体外人工培育不出40年就会取代人类孕育。虽然一直有人预言说这是必然发生的结果，但我们尚未实现这一壮举。虽然也有人解释说，这是因为我们并没有真的渴望这样做，但我们也可能最终发现，人类孕育是无法完全被复制的。这显然也是有可能的。同时也存在这样的可能性，那就是我们发现人造子宫提供的孕育过程在各方面都与人类孕育不相上下。但是，这也并不意味着人们会不约而同地选择这种孕育方式。对于人造子宫孕育出的第一批孩子而言，不论从哪个角度来说，孕育他们的父母都只是一台机器。待到这些孩子成年之后,他们也可能不会选择使用人造子宫。如果体外人工培育真的能为人类赋能,为人类提供一种新型工具来掌控自己如何生育,首先我们必须改变人们的观念,让怀孕这件事不再被视为一个复杂难解的问题。

结语　当你怀有身孕

我以前并没有料想到，自己会在怀孕期间写这本书。当时，我一边对着验孕棒喃喃自语"等等，这是什么"，一边肯定自己是出现了幻觉。然后我跑下楼去，问我的伴侣是否也看到了那条细细的横杠。其实，如果不是因为新冠肺炎疫情，这本书很可能在这时早就已经写完了。我在过去的 9 个月里一直身处一个奇幻的空间之中：我对怀孕这件事既是专家又是新手，我一面寻找书面的知识，一面又积累着实际的经验。我在过去许多年中一直在研究怀孕、堕胎和生殖保健相关的法律。我正刚刚写到政府如何管控着我们的身体，还提到了医疗机构的家长式作风如何影响人们的分娩经历，就在这时候，怀孕这件事忽然就发生在了我自己身上。

那些恐惧跨性别人士的"妈妈博主"之所以能齐心协力地发声，都是围绕着这样一个观点：只有"真正的女性"才能怀孕，因为孕育并生下孩子然后自己哺育婴儿，都是女性天生就自然而然具备的力量。这种保护主义将怀孕和成为母亲作为定义"女性"的特征，其实掩盖了一个事实：

无论你是什么性别，怀孕都不是一件稀松平常的事情。你原本已经熟悉的一切都会变得陌生，不论是你的生活、你自己的身体还是你的所思所想。我们之中有些人的确具有"怀孕"的生理条件，但这并不意味着我们可以把怀孕视为一种"自然的"状态。至于我现在所处的生命阶段，没有哪件事让我觉得自己的身体在做"天生适合"的事情。恰恰相反，我在孕期产生了一系列不和谐的感觉，就像海浪一样一次次袭来，而我只能被裹挟着向前。

我感觉身体的各个方面都在经历着日新月异的变化，有些还是绝妙的变化。我想不出还有什么能比这些更为奇特，却又更让人感觉陌生。多年以来，我都完全没法吃乳制品，但现在我却能狼吞虎咽地吃下整整半块切达奶酪。这仿佛是我在孕期接收到的第一条线索：我不仅变得想吃奶酪了，而且我的消化系统也仿佛忽然开窍一般，知道该如何消化这类食物了。有些食物以前一直是我的心头好，现阶段却只会让我反胃。与此同时，我还渴望尝尝某些从没试过的饭菜。我每天早上从床上爬下来时，都会看到脚踝肿胀得越发厉害，这让我知道我的体形又在一夜之间变大了。我从孕中期开始就长了满脸的雀斑，这是以前从未有过的，而且我的脸型也发生了变化。如果我周一剪了指甲，到周日又会发现指甲恢复到了周一的长度，这曾让我惊叹不已。因为我开始分泌更多的荷尔蒙，这让我心情大好，所以我甚至把孕期不要过度运动的建议抛之脑后，开始尝试做一些伸展运动，其实这都是我以前根本无法完成的动作。这个怀有身孕的生物真是奇怪极了，这居然就是我自己。

刚怀孕的时候,我的外表还没有发生任何变化,只不过是更丰满了一点。如果我想要和那些打算丁克的朋友失去联系,那我只要把自己怀孕的消息告诉他们就可以达到目的。在别人眼里,我原本是一个有能力的、直率有趣的成年人,现在却变成了一个高个子的宝宝,永远都有人在我耳边询问:"你现在是不是只能摇摇摆摆地走路了?""有人照顾你吃饭吗?""你现在肚子已经这么大了吗?"医护人员口中的这位"妈妈"是谁?反正不是我。有的朋友会兴奋地尖叫,大声说他们已经迫不及待地想要抱抱我的宝宝,而我一想到孩子降生的这件事就会感觉头大。到目前为止,我感觉自己的身体里几乎还没有"宝宝"这个概念。在我的孩子真的现身于这个世界之前,我必须先孕育他们长大,然后生下他们。在这个过程中,我的身份会发生不可逆转的改变。无论我在孕期是否能保住胎儿,无论我们是否能顺利等到足月,这都将会成为我人生经历的一部分。怀上孩子,然后孕育他们,我们其实已经开启了一段极不寻常的关系,这也是人与人之间最深刻的关系。

我高中时还在长个子,对很多事情尚未开窍。在所有的课程中,我真正喜欢的只有英语文学。某天下午,老师在课堂投影仪上放了西尔维娅·普拉斯的《隐喻》(Metaphors)。"她在描述什么?"我想了一会儿才恍然大悟,原来她说的是怀孕。当时满屋子都是十六七岁的孩子,我们一致同意,怀孕这件事一定让她厌恶。这首诗中弥漫着恐惧。一头大象?一头小牛?一趟没有人可以下车的列车?时至今日,我才读出了这首诗的幽默和美感:我感觉到宝宝的头就在我的下腹部,就像一个硬硬的苹果;我感觉自己的腿仿佛经过了重新训练，可以弯曲成看似不可能的角度，但这恰恰能让我保持平衡。这些都是奇异的感受。当你想到即将见到这个自己正在孕育的人类，你可能会感到兴奋。与此同时，你也可能因为各种各样出错的可能性而感到恐惧，也害怕自己不知道会以何种方式翻开这一页人生新篇，而你甚至根本不知道宝宝何时到来，帮你揭开这一序幕。

人们创造出许多可爱的委婉说法来形容怀孕这件事，我感觉甚至有点儿太多了："面包还在烤箱里"（bun in the oven），"待产"（expecting），"有人来访啦"（knocked up）。"孕育"（gestate）这个词的意思就是"怀有身孕"（carry）。对我来说，"怀有身孕"这个说法的确能精准描述孕期的感觉。"怀有身孕"是一个动词，你在整个孕期都处于这个状态，你体内怀着宝宝，你的身体负担着胎儿的那一份重量——随着日子一天天过去，你对胎儿的体重会有越来越明显的感觉。同时你也怀着自己的情感、期待、希冀和恐惧，这些也都是你肩负着的重量。你的身份、你过去经历的种种、你的家族历史以及你自己的具体状况决定了这一切。

与此同时，你的身体还承载着更多更多。那些和怀孕分娩相关的社会观念都是你身体上的烙印。若你想成为人们的焦点话题，你只需要壮着胆子挺着肚子离开家门即可：有些社会规则对未怀孕的人适用，但并不适用于处于孕期的你。在我能明显感觉到双脚的肿胀，走路开始摇摇晃晃之后，我第一次在某个阳光明媚的日子走到街道上，就有一个男人直接指着我的肚子喊道："哇！"我紧接着又走了几步，又有一个女人转头对朋友大声地说："来了一位准妈妈！"她是在为了我而提醒别人。陌生人会跟你说生孩子多么"值得"，同时也会提醒你分娩是痛苦的，你应该提前知道这些并做好准备，因为养育孩子也不像是公园里散步那样轻松。他们会觉得，告诉你这些都完全没问题。

在今天的社会，人们还是不怎么谈及怀孕对身体有什么影响，以及产后又需要恢复多长时间才能再次怀孕。在你正怀有身孕的时候，总会忽然冒出许多发表看法的人，讨论你在孕期的各种行为是否正确。人们总能随意地谈起怀孕和产后的选择，好像这些问题的答案都如此显而易见：你是不是打算母乳喂养？其实，母乳喂养充满困难，而我们对此讨论得并不够。许多妈妈在分娩之后就迫于压力必须马上"选择"母乳喂养，还有很多人在经济困难的情况下也面临着"选择"配方奶粉的巨大压力，我们也鲜少谈到这些。你在怀孕的时候是"太胖"还是"太瘦"？吃得太多还是不够？运动得太多还是太少？怀孕年龄太大还是太小？不论是你的产科医生还是同事，甚至是偶遇的路人，每个人都对这些问题有话要说。

你在怀有身孕时，同时还必须承担来自法律系统、医疗法规及医生建议的心理负担。你在这个世界上的一举一动都被这些法规和建议环绕着，一旦出了什么问题你还要承担责任，这也是你身上的重负之一。新冠肺炎疫苗刚刚问世时，对于孕期是否该使用该疫苗的问题，某些包括英国在内的国家都采取了预防原则。根据当时发布的疫苗指南，疫苗对孕期和哺乳期可能产生的影响尚不明确。疫苗接种和免疫联合委员会以及英格兰公共卫生署都建议，已经怀孕或正在备孕的人应该暂时观望一段时间，后来他们转而建议，那些属于高危妊娠的孕育者可以接种疫苗。再往后，孕育者只需要参考年龄，可以和年龄相仿的人以同样的方式接种疫苗。又过了好几个月，政府才开始积极倡导人们在孕期接种疫苗。后来又过了差不多一年的时间，孕育者才被列为优先接种的群体。人们在这一年之内已经清楚认识到，如果你在怀孕期间一直没有接种疫苗，感染新冠病毒并成为重症患者的风险极高，而孕育者和胎儿都可能因此出现并发症。

这项政策最终作出了改变，当时报纸上也有大量文章涌现，都在谴责那些处于孕期和哺乳期的人没有早点发声。难道她们不知道在没有疫苗保护的情况下，自己感染的风险有多高吗？难道她们对自己和孩子的健康都毫不在意吗？随着时间的推移，人们传递信息的方式已悄然改变。以前这些人得到的信息都是相互矛盾的，有人说她们接种疫苗是否安全仍是未知数，同时又有人告诉她们，如果在孕期没有接种过疫苗，感染新冠病毒可能会导致死亡。这些矛盾之处却并未引发什么讨论。同时，孕育者群体内部也流传着许多轶事，有人说诊所的医护人员也建议自己不要接种疫苗，他们参照的也依然是旧版的疫苗指南，但人们也没有讨论过这些做法。人们在孕期总会接收到许多相互矛盾又千变万化的信息，而我们期望着怀孕的人能自己筛选出那些有风险的因素，一旦出现问题也能自己来承担后果。这是我们一以贯之的思维模式，刚刚说的疫苗只不过是其中一个案例而已。

最好的情况就是，人们能看到孕期的挫败感和生活上的不便。孕育者的身体状况总会受到密切关注，也有很多社会规范是围绕着她们的日常活动建立起来的，当你在生病并必须决定要不要服用扑热息痛时，可能发现自己读到的医学建议却和自己的决定完全相反。又或者，你会有许多消息来源，都在告诉你如何安排运动、饮食和睡眠才是最好的，这些信息各不相同却又似乎都很可靠。你可能会因此而变得更加焦虑，甚至夜不能寐。总而言之，这些经历都可能让你不快。但是，当你感觉到宝宝在肚子里踢来踢去，又会感到由衷的快乐；如果你能明确知道有坚强的后盾在支持自己，自己的孕期过得非常健康，你也会从中得到安慰。这些都可以抵消一部分烦恼。

那么最坏的情况则是，因为孕育者的身体受到过度管制，同时又有政策规定谁有资格怀孕，这一切都可能导致犯罪、人身伤害和死亡。世界上还有许多地方有法律规定，如果胚胎已经着床，妊娠就算已经开始，那么孕育者就必须继续怀着孩子。在这样的法律系统中，依然有人会意外怀孕，如果拒绝按照这套规定行事，自己想方设法终止妊娠，便可能招来骂名，还会面临刑事上的指控。2022年春季，密苏里州政府提出了一项法案，如果怀孕已满6周便不能再堕胎，哪怕是宫外孕也是如此。宫外孕是指胚胎在子宫外部着床，根本无法继续发育。没有胎儿可以通过宫外孕存活下来，而孕育者却可能因此死亡。这条法规传达出了一条明确的信息：如果你已经怀孕，即使你不想要这个孩子，哪怕这其实约等于一条死刑判决，你也必须将妊娠继续下去。这和之前的许多法规如出一辙，在"罗诉韦德案"遭到废除之后，这一切更会如此延续下去。某些州想要颁布法律来强制人们继续妊娠，也正是在这些州，如果有些人并不想堕胎，又因为药物上瘾或酗酒而需要帮助，但如果真有勇气求助，却又可能会被拘留甚至定罪。

每个人在怀孕的时候都背负期望，心怀恐惧，还可能遭到他人的评判。每个人承受的负担其实天差地别，那些种族化、阶级化和性别化的批判目光都可能带来差异。在北美地区，非裔和原住民妇女在孕期作出的选择受到越来越多的监视，她们不论在孕期、分娩时还是产后阶段都会遭遇种族歧视，甚至可能因此丢了性命。很多跨性别男性、非二元性别者和性少数群体的父母都会在孕育孩子的时候被污名化，还要面对来自全社会的审视，获取医疗护理的过程也是障碍重重，在世界上很多地方依然如此。在经济发达国家，许多人在孕期都会经历严密的监控，每次去产科检查都要称重，还要定期接受各种检查来排除各种可能发生的并发症（哪怕只有微小的可能性）。孕育者们迫于压力，必须严格管控自己生活的方方面面，尽量让胎儿保持在最健康的状态。与此同时，世界上还有某些地方却连基本的资源都很匮乏，导致大量孕婴死亡的事件发生，哪怕这背后的原因其实很容易预防，或是很容易提前检测出来。

若想要物种繁衍，我们就需要孕育后代。但我们却又希望孕育者可以背负这么多。难怪大家都会如此被体外人工培育的设想所吸引。也许我们最终会发现，不论科学研究发展到什么程度都还是无法复制人类的孕育过程，这其实也不足为怪。孕育者在体力、情感和脑力劳动上都付出了许多，也在努力为腹中胎儿作出最佳的决定，哪怕身处孤立无援的状况之下。孕育者还一直承受着巨大的压力，被迫告诉自己说这些负担其实并不可怕。如果我们假设整个孕育过程都可以通过机器来自动完成，这其实是淡化了其付出、承担的一切，以此来解释为什么体外人工培育的技术如此吸引人。也正因此，人们对人造子宫充满了梦幻的想象，但也怀着满腔的恐惧。我们在考虑到怀孕可能带来的各种挫折、期望和危险之后，便可以发问：如果我们再也无需做这些呢？如果我们可以直接让技术来一起承受这些负担，或是把这些负担转移出去呢？所以，我们的确有充分的理由去想象这项技术。但让人惧怕的也正是这些想象之中的画面。在这项技术尚未存在之时，我们就已经可以看到孕育过程中存在的诸多伤害和不公，我们也可以想到，如果这项技术成为了新的工具，可能会被长期用来利用、惩罚、控制孕育者的行为和身体。

我们可以让一项技术来背负所有这一切吗？在人们通常会想象出的自动化人造子宫图景中，也许忽略了人类孕育的某些方面。这都是最不具象化的方面，但也可能是最为核心的部分。孕育者就像纽带一样，连接着外部世界和发育中的胎儿。在宝宝完全成形之前，是孕育者在作出各种选择来照顾胎儿长大。宝宝出生之前和孕育者的关系就像是基点，决定着宝宝之后会如何接收爱和关怀。不论孕育者自己是否有为人父母的想法，但在这个过程中都需要处理和宝宝的关系。怀孕和分娩都可能成为一段不可思议的经历。20世纪20年代，维拉·布里顿就曾有过这样的观察：即便体外人工培育真的在某天成为现实，这也并不意味着会有人想要使用这项技术。在当今社会就有这样的情况，很多人并不只是想要拥有一个孩子而已，而是也想自己来孕育这个孩子。为了怀孕，很多人甚至可以在身体和情感上承受巨大的挑战。而且，怀孕的历程让很多人深为感动，同时也收获了快乐和肯定。

我们总是期待着让孕育者去背负许多，却又对这些负担的重量知之甚少。也许，我们最好是把体外人工培育用作一种邀请，请人们来真正面对这个问题。也许，我们必须先承认人类的孕育过程本就有其意义，所以可能无法完全将其转化为机器自动化的形式。只有这样，我们迫切渴求的社会变革才能真正被按下启动键。我们需要先建立一个怎样的世界，然后才能真正描绘出体外人工培育的愿景？我们首先应该怎样做，才能想象出一种促进集体主义和关怀的体外孕育方式，而不是给人类带来伤害？

请想象一下这个画面：有 5 个超大号的圆形红色气球，被透明的细绳捆成一束，正在向上飘飞，逐渐飘离地面。如果你去过 2018 年阿姆斯特丹荷兰设计周的"生育乌托邦"（Reprodutopia）展览现场，就可以看到这个展示。这是设计师亨德里克-扬·格里文克（Hendrik-Jan Grievink）和思辨设计[1]师丽萨·曼德梅克的作品。格里文克来自一个名为"下一代自然网络"的组织，类似于现代的"异端学会"。他们应马西玛医疗中心（Máxima Medical Centre）的圭德·奥伊博士的邀请，创作了这个

---

[1] 思辨设计（Speculative Design）是一种思考方式和设计手段，是近几年最热门的话题之一，其目的不是提出商业驱动的设计方案，而是通过设计方案来识别和讨论未来可能发生的关键问题。这些设计方案旨在引发人们对未来的讨论，而不是推销产品。

装置，而这个医疗中心正在开展人造子宫的研究。参观者会被告知，这些红色气球并不是具有任何实际功能的原型，而是为了引发人们的思考和讨论才被创作出来的。曼德梅克在策划阶段曾研究过科学家做出的图表，还仔细看过 20 世纪五六十年代人造子宫研究初期的专利图片。那些金属保暖装置和机器都让人深感不安，一切仿佛冰冷又疏离，缺少人性的关怀。若要给人们带来不同的感受，体外人工培育应该采用什么样的形式呢？

曼德梅克想要营造出一种在大自然之中生长的感觉，而不是囿于实验室。她想到的创意是一个"未来的苗圃"，这份灵感来自发出新叶的小树林、南瓜地和植物园。她从一开始就专注于每个细节，想做出让观众感觉亲切的成品。如果人造子宫并不是只在医院里才能看到，而是和你在自己家里可能目睹的其他物品并无分别，那又会怎么样呢？她还想给每个气球打造出独特的图案，所以做出了方形的印花布，还在三明治袋子里灌满了果酱和气泡水，这都是从自家厨房里弄来的。然后，她再把这些都平放在扫描仪下面。她希望人们看到这个装置时可以开始思考，究竟如何使用它才好？她也想借此鼓励观众表达自己的想法。可以把这个装置放在客厅里吗？因为没有安装监控系统，也没有电线，那就应该可以。可以让助产士来操作这个装置吗？在这个设计里，我们看不到任何迹象表示不可以。这就像是细细的茎秆上长着大大的红色球茎，这也是一种描绘人造子宫概念的新方法。因为观众没有看到什么限制条件，所以展示的这幅画面其实也暗示了体外人工培育的另一种可行途径：人们可以自己选择要在哪里使用人造子宫，而这也可能是女性主义立场的研究人员创造出的新技术，用来照顾孕育者和新生儿。这项技术既没有恶意，也不给人异化之感，而是具有一种家庭式的氛围，还能为人们赋能。

如果我们生活在一个生育正义已成现实的世界里，人造子宫是否会被用来支持孕育者的自主决定权，而非破坏这种权利？人们是否可以通过体外人工培育来孕育自己的孩子，甚至选择和伴侣、朋友或所在社区共同孕育？如果有人不想继续孕育腹中胎儿，是否可以选择把责任转让出去？如果孕育过程对有些人来说凶险万分，无以为继，那他们又是否可以使用人造子宫来继续孕育胎儿？

若要让上述情况都成为可能，必须先满足一些先决条件。我们得先建设这样一个世界：任何性别的人都能在怀孕时得到尊重，每个人都能根据自身情况来获得生育方面的医疗保健，不论是堕胎、避孕还是产前护理。这是一个优生学思想已被彻底废止的世界，人们可以自行选择以怎样的方式来组建和维持自己的家庭。我们正处在举步维艰的现实中，因而无法想象体外人工培育出现后的局面，也无法想象未来的生育状况会如何，这是我们难以把控的。但是，我们可以立足于另一幅未来图景之中，想象另一种人造子宫——在这个未来世界里，孕育者在孕期承受的一切都会有人来分担，但并不是依靠机器参与的自动孕育手段，而是为孕育者们提供资源、支持和照顾。

致　谢

2020 年的春天暗淡而可怕，能够签下这本书的合同，就好比那段时间里的一抹亮色。我在写这本书时，就仿佛在风暴中躲进了平静的港湾。但是，风暴持续的时间竟是如此之久，简直超乎我的想象。对于每一个参与这个过程的人，我都心怀感激。感谢浦乐飞图书公司（Profile Books）、惠康收藏（Wellcome Collection）、艾特肯·亚历山大代理公司（Aitken Alexander）的每一位成员。如果没有我的经纪人克里斯·韦尔贝洛夫，这本书就不可能问世。在我把整个故事形之笔墨之前，你就已经为之感到激动了。我还要感谢埃伦·乔尔，你在给我反馈的时候总是那么冷静又深刻，严谨又周到。没有哪位编辑能比你提供更多支持，我在梦里也不可能想象得出还有谁能做到。谢谢你和我一起走过这趟旅程，谢谢你从头到尾都能淡定从容，允许我作出任何改动。

我还要感谢同事朱莉、乔安娜和安吉拉，她们富有了不起的创造力，总能梦想出一个更美好的未来，我也深深受到鼓舞。她们还提醒我作出推理时又能发现哪些可能性。在我整合想法的过程中，有很多人抽出时间通过ZOOM和我聊天，我对此深表谢意，尤其是法拉赫·迪亚兹-泰罗、丽萨·曼德梅克和克莱尔·墨菲。还要感谢克里斯汀、伊丽莎白和斯泰西，你们从一开始就显示出了热情，当时我尚未真正相信自己可以写出一本书，但你们让我开始想象这种可能。

感谢我的家人，无论我们相距多远，你们都为我提供了坚实的后盾。最后，感谢内森、杰克和莉迪亚，我是如此爱你们，我每天都会因为你们对我的爱而心生欢喜。

原 注

第一章 论婴儿保育箱、兰花和人造子宫
[1] Shulamith Firestone, *The Dialectic of Sex* (New York, William Morrow and Company, 1970), p. 198.

第二章 人造养母
[1] Emily A. Partridge, Marcus G. Davey, Matthew A. Hornick, Patrick E. McGovern et al., 'An extra-uterine system to physiologically support the extreme premature lamb', *Nature Communications* 8 (2017), p. 10.
[2] Haruo Usuda and Matt Kemp, 'Development of an artificial placenta', *O&G Magazine: Prematurity* 21:1 (2019).
[3] Jeffrey P. Baker, *The Machine in the Nursery: Incubator Technology and the Origins of Neonatal Intensive Care* (London, Johns Hopkins Press, 1996).
[4] Dawn Raffel, *The Strange Case of Dr Couney* (New York, Blue Rider Press, 2019).
[5] Claire Prentice, *Miracle at Coney Island* (Michigan, Brilliance Publishing, 2016).
[6] Katie Thornton, 'The Infantorium', *99% Invisible*, episode 381 (3 December 2019).
[7] Jeffrey P. Baker, 'Technology in the Nursery: Incubators, Ventilators, and the Rescue of Premature Infants', in *Formative Years: Children's Health in the United States, 1880–2000*, edited by Alexandra Minna Stern and Howard Markel (Ann Arbor, University of Michigan Press, 2002), p. 81.
[8] Unno, Nobuya, 'Development of an Artificial Placenta,' *Next Sex: Ars Electronica*, edited by Gerfried Stocker and Christine Schoepf (New York & Vienna, Springer, 2000), pp. 62–68.
[9] Katharine Dow, '"The Men who Made the Breakthrough": How the British press represented Patrick Steptoe and Robert Edwards in 1978', *Reproductive Biomedicine and Society Online* 4 (2017), pp. 59–67.
[10] 2016 年，路易丝·布朗莱斯利·布朗保留下来的这些资料全都捐赠给了布里斯托尔档案馆（Bristol Archives），一共有 15 箱档案材料。
[11] Laurence E. Karp and Roger P. Donahue, 'Preimplantational Ectogenesis: Science and Speculation Concerning In Vitro Fertilization and Related Procedures', *The Western Journal of Medicine* 124 (1976), pp. 282–98.
[12] 2016 年的进步教育信托大会主题是"反思胚胎研究的伦理：基因编辑、14 天限制及未来发展"，沃诺克在这次会议上发表了这些评论。玛丽·沃诺

克曾在采访里深入讨论"14 日准则"以及相关法律的背后逻辑,可以参见本章第 13 条注释。

[13] Benjamin J. Hurlbut, Insoo Hyun, Aaron D. Levine, Robin Lovell-Badge et al., 'Revisiting the Warnock Rule', *Nature Biotechnology* 35 (2017), pp. 1029–42.

[14] Carlo Bulletti, Valero Maria Jassoni, Stefania Tabanello, Luca Gianaroli et al., 'Early human pregnancy in vitro utilizing an artificially perfused uterus', *Fertility and Sterility* 49:6 (1988), pp. 997–1001.

[15] Christine Rosen, 'Why Not Artificial Wombs?: On the meaning of being born, not incubated', *The New Atlantis*, Fall 2003, www.thenewatlantis.com/publications/why-not-artificial-wombs

第三章 美丽新世界中的体外人工培育

[1] J. B. S. Haldane, 'Daedulus; Or, Science and the Future', in *Haldane's Daedalus Revisited*, edited by Krishna Dronamraju (Oxford, Oxford University Press, 1923).

[2] Angela Saini, *Superior: The Return of Race Science* (Boston, Beacon Press, 2019), p. 124.

[3] Victoria Brignell, 'The eugenics movement Britain wants to forget', *New Statesman* (9 December 2010).

[4] Anna Diamond, 'The 1924 Law That Slammed the Door on Immigrants and the Politicians Who Pushed it Back Open', *Smithsonian* (19 May 2020).

[5] *Buck v. Bell*, 274 US 200 (1927), www.supreme.justia.com/cases/federal/us/274/200/#tab-opinion-1931809

[6] Harriet A. Washington, *Medical Apartheid: The Dark History of Medical Experimentation on Black Americans from Colonial Times to the Present* (New York, Doubleday, 2007).

[7] J. B. S. Haldane, 'Daedulus; Or, Science and the Future', in *Haldane's Daedalus Revisited*, edited by Krishna Dronamraju (Oxford, Oxford University Press, 1923).

[8] Anthony M. Ludovici, *Lysistrata; Or, Woman's Future and the Future Woman* (New York, E. P. Dutton & Co., 1924).

[9] Norman Haire, *Hymen, Or the Future of Marriage* (London, Kegan Paul, Trench & Trubner, 1927).

[10] Joanne Woiak, 'Designing a Brave New World: Eugenics, Politics, and Fiction', *The Public Historian* 29:3 (2007), p. 106.

[11] Gregory Pence, 'What's So Good About Natural Motherhood? (In Praise of Unnatural Gestation)', in *Ectogenesis: Artificial Womb Technology and the Future of Human Reproduction*, edited by Scott Gelfand and John R. Shook (New York, Rodopi, 2006), p. 82.

[12] Scott Gelfand, 'Ectogenesis and the Ethics of Care', ibid.

[13] Christopher Kaczor, 'Could Artificial Wombs End the Abortion Debate?', *National Catholic Bioethics Quarterly* 5:2 (2005), p. 298.

[14] 值得注意的是，英国妊娠咨询服务（BPAS）在2021年发布了一份战略文件。这个组织在其中写道，虽然他们提供具有性别包容性的服务，尽量想建立途径来"满足个体的需求"，但为了继续有效地开展生殖权利运动，他们还是会继续使用"妇女"（women）一词，而不是"人"（people）。英国国内的大环境里，一直存在仇视变性人的情况。如果能使用"孕育者"这样的中性词，承认变性人和非二元性别的人群也需要生殖健康服务，并不会给顺性别女性争取生殖权利的斗争带来阻碍。过去人们认为，每个人的身份以及在世界上的地位都是由其生殖器官决定的，如果我们能使用性别包容性的语言，就是对这种观念的摒弃——这种观念其实是生物学决定论（biological determinism）的产物。

[15] Lynn Paltrow and Jeanne Flavin, 'Arrests of and Forced Interventions on Pregnant Women in the United States, 1973–2005: Implications for Women's Legal Status and Public Health', *Journal of Health Politics, Policy and Law* 38:2 (2013), pp. 300–43.

[16] Marie Carmichael Stopes, *Radiant Motherhood* (New York, G. P. Putnam's Sons, 1920).

[17] Dorothy Roberts, 'Reproductive Justice, Not Just Rights', *Dissent Magazine* (Fall 2015).

[18] Loretta Ross, 'What is Reproductive Justice?', in *Reproductive Justice Briefing Book: A Primer on Reproductive Justice and Social Change* (Pro-choice Public Education Project, 2007), p. 4.

[19] J. D. Bernal, *The World, The Flesh and the Devil* (London, Verso, 2017).

第四章 扮演母亲角色的机器

[1] Sarah Digregorio, 'Artificial Wombs Aren't a Sci-Fi Horror Story', Future Tense: *Slate* (30 January 2020).

[2] 美国疾病控制和预防中心在跟踪新生儿和孕育者的后续情况时，把"美国印第安人"和"阿拉斯加原住民"作为身份的分类。但是美国联邦政府承认的部落多达500多个。在追踪这些健康数据时存在一个缺陷，就是缺乏针对性。我们无法确定哪些特定群体受到的影响最大，无法使用准确的语言，也无法自己决定使用什么语言。

[3] The World Health Organization, Fact Sheet: 'Preterm Birth', 19 February 2018.

[4] Jeffrey D. Horbar, Erika M. Edwards, Lucy T. Greenberg et al., 'Racial Segregation and Inequality in the Neonatal Intensive Care Unit for Very Low-Birth-Weight and Very Preterm Infants', *JAMA Pediatrics* 173:5 (2019), pp. 455–61.

[5] Harriet Washington, *Medical Apartheid* (2007).

[6] Dána-Ain Davis, *Reproductive Injustice: Racism, Pregnancy, and Premature Birth* (New York, NYU Press, 2019), p. 102 (both quotes).

[7] Usuda and Kemp, 'Development of an artificial placenta' (2019).

[8] Dr Joia Crear-Perry, 'The Black Maternal Mortality Rate in the US Is an International Crisis', *The Root* (30 September 2016).

[9] Partridge, Davey, Hornick, McGovern et al., 'An extra-uterine system to physiologically support the extreme premature lamb' (2017).

[10] Dorothy Roberts, 'Reproductive Justice, Not Just Rights' (2015).

[11] Loretta Ross, Lynn Roberts, Erika Derkas, Whitney Peoples and Pamela Bridgewater Toure, *Radical Reproductive Justice* (New York, The Feminist Press, 2017).

[12] Dr Joia Crear-Perry, 'The Birth Equity Agenda: A Blueprint for Reproductive Health and Wellbeing', National Birth Equity Collaborative (16 June 2020).

[13] Andrea Nove, Ingrid K. Friberg, Luc de Bernis, Fran McConville et al., 'Potential impact of midwives in preventing and reducing maternal and neonatal mortality and stillbirths: a Lives Saved Tool modelling study', *The Lancet Global Health* 9:1 (2020).

第五章 堕胎问题的解决之道

[1] Mark A. Goldstein, 'Choice Rights and Abortion: The Begetting Choice Right and State Obstacles to Choice in Light of Artificial Womb Technology', *Southern California Law Review* 51:5 (1978), p. 880.

[2] Kimala Price, 'What is Reproductive Justice?: How Women of Color Activists Are Redefining the Pro-Choice Paradigm', *Meridians: Feminism, race, transnationalism* 10:2 (2010), p. 46.

[3] Emily Jackson, 'Degendering Reproduction?', *Medical Law Review* 16:3 (Autumn 2008), pp. 346–68.

[4] Sarah Langford, 'An End to Abortion? A Feminist Critique of the "Ectogenetic Solution" to Abortion', *Women's Studies International Forum* 31 (2008), p. 267.

[5] Emily Jackson, 'Abortion, Autonomy, and Prenatal Diagnosis', *Social and Legal Studies* 9:4 (2000), p. 469.

[6] Peter Singer and Deane Wells, 'Ectogenesis', *Journal of Medical Ethics* 9:192 (1983), p. 12.

[7] 值得注意的是，堕胎相关的法律有许多措辞都把残疾人作为例外情况来对待——换而言之，如果一个人想有合理的堕胎理由，孩子是残疾人会成为一个极为负面的影响因素，法律也不会允许他们出于这个理由去堕胎。对于残疾人群体以及那些筛查结果显示异常时想要继续妊娠的人来说，这也会让他们进一步被贴上耻辱的标签。如果我们能够让堕胎不再被视为犯罪，某种程度上也需要停止使用这一套将残疾视为例外的话语体系。任何人如果想要堕胎，都不应该被要求提供理由，同样来说，如果有人想要继续妊娠，或是有人觉得身为残疾人的人生也值得活下去，他们不应该被要求对这些选择提供理由。

[8] Chris Kaposy and Jocelyn Downie, 'Judicial Reasoning about Pregnancy and

Choice', *Health Law Journal* 16 (2008), p. 290.

第六章 生物学的暴政

[1] Shulamith Firestone, *The Dialectic of Sex* (1970), p. 198.
[2] Shulamith Firestone, *The Dialectic of Sex: The Case for Feminist Revolution* (London, The Women's Press, 1979).
[3] Anna Smajdor, 'The Moral Imperative for Ectogenesis,' *The Cambridge Quarterly of Healthcare Ethics* 16 (2007) pp. 336–345.
[4] Evie Kendal, *Equal Opportunity and the Case for State-Sponsored Ectogenesis* (Basingstoke, Palgrave Macmillan, 2015).
[5] Gregory Pence, 'What's So Good About Natural Motherhood?', in Gelfand and Shook (eds), *Ectogenesis: Artificial Womb Technology and the Future of Human Reproduction* (2006), pp. 77–88.
[6] Evie Kendal, *Equal Opportunity and the Case for State-Sponsored Ectogenesis* (2015), p. 12.
[7] Dorothy E. Roberts, *Killing the Black Body: Race, Reproduction, and the Meaning of Liberty* (New York, Vintage Books, 1999), p. 298.

Claire Horn
Eve: The Disobedient Future of Birth
Copyright © 2023 by Claire Horn
Published by arrangement with Profile Books Limited
Through Andrew Nurnberg Associates Limited
Simplified Chinese translation copyright © (2025)
by shanghai Translation Publishing House
ALL RIGHTS RESERVED

图字：09-2023-0796号

图书在版编目（CIP）数据

夏娃：关于生育自由的未来 / （加）克莱尔·霍恩（Claire Horn）著；周悟拿译. —— 上海：上海译文出版社，2025.3. —— （译文坐标）. —— ISBN 978-7-5327-9737-0

Ⅰ. C923；B82-057

中国国家版本馆 CIP 数据核字第 2025CR8568 号

夏娃：关于生育自由的未来
［加］克莱尔·霍恩　著　周悟拿　译
责任编辑/薛　倩　装帧设计/胡　枫

上海译文出版社有限公司出版、发行
网址：www.yiwen.com.cn
201101　上海市闵行区号景路159弄B座
上海市崇明县裕安印刷厂印刷

开本 889×1194　1/32　印张 7.75　插页 2　字数 147,000
2025年3月第1版　2025年3月第1次印刷
印数：0,001—6,000册

ISBN 978-7-5327-9737-0
定价：45.00元

本书中文简体字专有出版权归本社独家所有，非经本社同意不得转载、摘编或复制
如有质量问题，请与承印厂质量科联系。T: 021-59404766

译文坐标

001

《买房让日本人幸福了吗?》

作者:[日] 榊淳司　　译者: 木兰

定价: 38 元　　出版时间: 2022 年 7 月

公寓楼房这一钢筋混凝土结构住宅真正开始进入日本人生活是在约六十年前,而今已成为大都市的主流住宅形态。然而,随着住户的高龄化与建筑物的老朽化,越来越多的问题开始出现,甚至在你还清房贷之前它就有可能沦为废墟。此外,周而复始的房产泡沫、郊外新建公寓十年后折价一半、高层建筑的安全隐患、缺少业委会民主监督导致物业管理者肆意侵占房屋维修基金……住房如何才能使人幸福? 从业三十年的日本资深房产顾问为你解读这些鲜为人知的问题,揭开房产中介绝不愿意透露的行业机密。

002

《医疗再生——日美现场报道》

作者:[日] 大木隆生　　译者: 谭甜甜

定价: 36 元　　出版时间: 2022 年 7 月

这是一个颠覆"白色巨塔"的热血外科医生故事。

他孤身赴美,从无薪的实习医生成为年薪过亿的明星医生。

为寻回诊治同胞的心动感,他放弃高薪回国,接手了陷入绝境的母校医院外科,并在短短几年间,将日本的血管外科提升到国际先进水平。

日美医疗体系对比、医务人员过劳现状、医疗事故调查制度……"拯救医患关系"的改革因何而生? 在本书中,你将倾听到世界级名医大木隆生从手术室现场发出的声音。

003
《"废除文科学部"的冲击》

作者：[日] 吉见俊哉　　译者：王京、史歌
定价：38 元　　出版时间：2022 年 7 月

2015 年，日本国内传出文部科学省要"废除大学文科学部"的消息，一石激起千层浪，引发了社会震荡。尽管最终证明只是虚惊一场，但也让不少有识之士重新审视了日本社会长期以来重理轻文的问题，其中影响力最大的莫过于前东京大学副校长、著名社会学家吉见俊哉的这部著作。

大学只是用来培养精致的利己主义者的地方吗？18 岁、35 岁、60 岁，人生三次入大学分别能学到什么？在日新月异的未来社会中，什么样的人才不会落伍？……本书将围绕上述问题逐一回答，彻底颠覆"文科无用"的社会"常识"。

004
《吸血企业——吃垮日本的妖怪》

作者：[日] 今野晴贵　　译者：王晓夏
定价：38 元　　出版时间：2022 年 7 月

在日本，人们将那些以少到让人无法规划未来的薪资和让私生活崩溃的超时劳动来压榨年轻人，并将他们"用后即弃"的无良公司称为"吸血企业"。其常见特征有：大量录用大量解雇、夸大薪资待遇、正式员工有名无实、战略性地进行职场霸凌、不支付加班费……它们不仅破坏了员工的身心健康与雇佣双方之间的信任，也向社会转嫁了成本，威胁到消费者和市场的安全，影响恶劣深远。要遏制这一现象需要全社会的共同努力。

本书是日本知名的社会学者、劳动关系专家今野晴贵的代表作，曾获 2013 年大佛次郎论坛奖和 2014 年日本劳动社会学会奖励奖。

005

《人类世的"资本论"》

作者：[日] 斋藤幸平　　译者：王盈

定价：45 元　　出版时间：2023 年 6 月

85 后天才经济学家斋藤幸平代表作，打破"经济增长"的魔咒，在危机时代重新发现马克思。

物种灭绝、生态污染、二氧化碳超标……现代化带来的经济增长曾许诺我们富裕，实则不断透支人类的生存资源。超富裕阶层或许还能维持奢侈，我们绝大多数平民却不得不拼命寻找活下去的方法。要在资本主义的尽头找到突破，需要回到马克思，尤其是在与生产力至上主义和欧洲中心主义决别的马克思晚年思想中，重新发现"可持续性"和"社会平等"实现的可能性。在环境危机刻不容缓的当下，"去增长共产主义"这唯一可行的选项终于浮出水面。

006

《后工作时代》

作者：[英] 菲尔·琼斯　　译者：：陈广兴

定价：38 元　　出版时间：2023 年 8 月

比"狗屁工作"更可怕的，是"工作"本身的分崩离析！

从无人驾驶汽车到图像搜索，数字经济突飞猛进的背后，是少有人知的暗箱劳动——处理大量数据不是 AI，而是通过网络远程接单的贫困人口。系统不再创造有发展前景的新工作机会，也不再推动生产力进步。廉价的人类劳工变成人工智能的末端，从事最枯燥重复的外包工作，还得不到正式聘用的保障。本应照亮我们世界的工具正在将我们扔进技术引发的新的蒙昧之中，并最终陷入野蛮状态。

我们是如何走到今天这一步的？如何才能阻止终极噩梦的降临？

007

《没有面目的人》

作者：[美] 理查德·桑内特　　译者：周悟拿

定价：42 元　　出版时间：2023 年 11 月

讲究个人品格、相信工作的意义、不断提高技艺并成为不可替代的行家已经是上一代的传说。而在心浮气躁、只顾眼前的现代社会中，"谁需要我"成了一个受到巨大挑战的问题。现代资本主义散发着冷冰冰的气息，对人们的努力无动于衷。每个人都被设计成可以被替代的，也因此没有任何理由被需要。在这个让我们漂浮不定的资本主义制度中，如何找回我们对工作的掌控权？

与阿伦特、哈贝马斯齐名的公共生活研究者桑内特与你一起探讨打工人的困境与出路。

008

《日本人为什么不再被狐狸骗了？》

作者：[日] 内山节　　译者：熊韵

定价：38 元　　出版时间：2024 年 10 月

过去，日本凡有狐狸栖居的地方，必然流传着许多"狐狸骗人"的故事，然而以 1965 年为界，此类故事突然销声匿迹了。这是为什么呢？

人会被狐狸骗的时代究竟是什么样的？那时的人拥有怎样的精神世界，又是如何在与自然的交流中度日？身处现代的我们也许已经无法想象了。从何时起，我们再也听不到"自然"的声音了？是"狐狸"变了，还是"人"变了？在不断拷问"为何不再被狐狸骗了"的过程中，我们得以从一般的历史学出发，深入往日的人与自然的交流史和民众的精神史，重新捕捉那些"看不见的历史"。